La gestión del tiempo para el éxito

JOSÉ MARÍA VICEDO

La gestión
del tiempo
para el éxito

VS Ediciones

1ª edición, Mayo 1997
2ª edición, Noviembre 1998
3ª edición, Diciembre 1999
4ª edición, Febrero 2001

ISBN: 84-95542-15-3
Depósito legal: A-103-2001

Impreso en España - Printed in Spain
Imprime: Quinta Impresión S.L.

www.vsediciones.com

Dedicado a aquellos que entienden que la vida es el mayor de los regalos, y que viven cada día con pasión, luchando por hacer sus sueños realidad.

A mis padres, que han sido siempre un ejemplo de amor incondicional y entrega a la vida.

Y, lo más importante para mí, a mi esposa, Eva, que hace mágico cada momento de mi existencia.

Indice

Prólogo

Permítame, en primer lugar, amigo lector, agradecerle la oportunidad que me ofrece de compartir con usted esta aventura de aprendizaje y mejora continua, que juntos vamos a emprender en las páginas siguientes. Este libro le introducirá una serie de técnicas e ideas sencillas, pero tremendamente poderosas y eficaces cuando se aplican, que pueden permitirle incrementar de forma increible su productividad y realización.

Tradicionalmente, las obras sobre gestión del tiempo, se han enfocado en encontrar medios de hacer más a toda costa, intentando aprovechar al máximo el día a día. Este enfoque, como ha quedado demostrado, rara vez conduce hacia la realización y hacia el éxito verdadero. Tiene mucha más importancia determinar en primer lugar hacia donde queremos dirigirnos, para luego trazar el plan de acción que nos llevará hasta allí. El partir con un objetivo claro establecido, pone en marcha el mecanismo del entusiasmo y la pasión de estar persiguiendo algo realmente valorado. Y este es, precisamente, el enfoque del sistema de planificación VS. A lo largo de las páginas siguientes, voy a guiarle a usted en un apasionante viaje de descubrimiento de sus valores y sueños, le mostraré como plantearse metas verdaderamente poderosas y que le inspiren a dar lo mejor de sí mismo, y a como sacarle el máximo jugo al día a día mediante el manejo del sistema de planificación VS.

En el último capítulo, «El desafío del cambio», le mostraré el ciclo común que se repite en todas las personas que han alcanzado éxito en cualquier campo de actividad, para que usted pueda aplicarlo a su propia vida.

Le reto pues, a que no se limite a leer estas páginas. Ponga en práctica los principios que aquí le muestro y conseguirá que sus sueños comiencen a hacerse realidad.

La vida es el mayor de los regalos, y todos tenemos el privilegio,la oportunidad, y la responsabilidad de devolver algo a cambio convirtiéndonos en lo mejor que podamos ser. Adéntrese en estás páginas con ansias de descubrir, y le sorprenderá el gran impacto que estas sencillas técnicas pueden tener en la consecución de sus objetivos más deseados.

¡CARPE DIEM!

(Aprovecha el momento)

«*Tener éxito es lograr lo que quieres,
ser feliz es querer lo que logras.*»

Carl Trumbell Hayden

La vida de cualquier ser humano no es más que un chispazo dentro de la inmensidad del tiempo. Todos tenemos unos mañanas contados, y lo que hagamos con ellos será lo que marque la diferencia.

Muchos seres humanos desperdician su vida pensando en remordimientos pasados, a pesar de que saben que eso ya pasó y que no pueden hacer nada por remediarlo. Otros encaran el futuro con temor y aprehensión, temiendo cosas que lo más probable es que nunca sucedan.No se dan cuenta de que lo único que les pertenece es el hoy, y este momento.Nada más. Solamente este momento. El día en que se den cuenta de que «hoy» es lo único que realmente tienen y comiencen a vivir con pasión,su vida cambiará para siempre.

¿Porqué a muchas personas les falta interés por el presente? Porque su presente lo ven como consecuencia de la casualidad. Creen que están donde están porque es su destino, pero no se dan cuenta de que si no hacen nada hoy, el mañana, o sea el «hoy» del futuro, va a ser el mismo.

¿Porqué a muchas personas les falta interés por el presente? Porque su presente lo ven como consecuencia de la casualidad. Creen que están donde están porque es su destino, pero no se dan cuenta de que si no hacen nada hoy, el mañana, o sea el «hoy» del futuro, va a ser el mismo.

Hoy es el momento de planear, hoy es el momento de tomar decisiones poderosas, hoy es el momento de crear un futuro que le entusiasme, hoy es el momento de comenzar a vivir con pasión.No espere a mañana. ¡Aproveche el momento!

El dominio del tiempo tiene dos objetivos indisociables, aunque casi opuestos. El más evidente es utilizar mejor el tiempo.El más rico es volver a aprovechar el momento con la intensidad que conocimos a los diez años.

A buen seguro,en alguna ocasión,a todos nosotros se nos han pasado por la mente comentarios del tipo:

● Nunca tengo tiempo suficiente para realizar las cosas que deseo.
● El tiempo se me escapa de las manos.
● No encuentro un equilibrio entre mi vida personal y profesional.
● Tengo tanto que hacer,y todo parece importante.
● Estoy en una crisis permanente,el estrés me agobia.

Encuestas de opinión realizadas en los paises desarrollados constatan que nos quejamos más de la falta de tiempo,que de la falta de dinero,de un salario digno o de justicia.

Es curioso que asignemos siempre un valor alto a aquello que es muy escaso y apreciado; y lo cierto es que para el ser humano el bien más escaso es el tiempo. El tiempo quizás sea el recurso más democráticamente repartido. No importa que seas inteligente o torpe,luchador o vago,triunfador o fracasado,alto o bajo. Todos y cada uno de nosotros disponemos de un cheque diario de tiempo de 1440 minutos que necesariamente hemos de gastar durante ese día.

Por ello, el vocabulario que utilizamos habitualmente nos lleva a engaño. Ya veremos que ganar o perder tiempo no tiene ningún sentido, ya que cada uno de nosotros disponemos de la totalidad del tiempo disponible. Es imperturbable y no puede multiplicarse o estirarse. Lo único que está realmente en nuestro poder es cambiar nuestra actitud con respecto a él; hacer buen o mal uso de él es lo que marca la diferencia. La paradoja del tiempo consiste en que son muy pocos los que estiman que tienen suficiente, cuando todo el mundo dispone de su totalidad.

La paradoja del tiempo consiste en que son muy pocos los que estiman que tienen suficiente, cuando todo el mundo dispone de su totalidad.

A lo largo de este libro romperemos muchos mitos que erroneamente se han creado en torno a la administración del tiempo. Como ocurre con la mayor parte de cosas importantes de la vida, en la escuela no nos enseñan a utilizar bien nuestro tiempo. Para paliar esto, constantemente aparecen libros y técnicas que intentan demostrarnos como hacer más en menos tiempo, sin darse cuenta de que ese no es el enfoque correcto. ¿De que valdría iniciar un largo viaje solo para darnos cuenta al llegar a nuestro destino que no era allí donde queríamos llegar?

¿De que valdría iniciar un largo viaje solo para darnos cuenta al llegar a nuestro destino que no era allí donde queríamos llegar?

Tiene mucho más valor elegir el destino correcto que la velocidad con la que avanzamos. No es hacer más cosas en menos tiempo, sino hacer las cosas correctas.

Tiene mucho más valor elegir el destino correcto que la velocidad con la que avanzamos. No es hacer más cosas en menos tiempo, sino hacer las cosas correctas. Aquellas que nos lleven hacia la realización y hacia el éxito verdadero.

Desde luego es más sencillo comprar el último libro o enrolarse en el último seminario con la esperanza de que alguna nueva técnica nos de la solución a nuestra falta de resultados con el tiempo. Como dice el refrán "No hay atajo sin trabajo". Vivimos en una sociedad donde esta de moda lo «light». Sin embargo es imposible llegar a conseguir resultados importantes y valiosos utilizando la ley del mínimo esfuerzo. Dominar el tiempo es dominarse a uno mismo. Es necesario implementar nuevos hábitos y

Dominar el tiempo es dominarse a uno mismo. Es necesario implementar nuevos hábitos y fundamentalmente tomar conciencia de que somos nosotros los dueños de nuestras propias decisiones y a través de ellas de nuestros resultados.

El ser humano reflexiona mucho más en el empleo de su dinero, que es renovable, que en el de su tiempo que es irreemplazable.

fundamentalmente tomar conciencia de que somos nosotros los dueños de nuestras propias decisiones, y a través de ellas de nuestros resultados.

El ser humano reflexiona mucho más en el empleo de su dinero, que es renovable, que en el de su tiempo que es irreemplazable.

Para conseguir que este libro le proporcione resultados valiosos e importantes es necesario que usted realice una serie de compromisos consigo mismo. Es fundamental realizar un análisis de como esta evolucionando su vida, de cuales son aquellas cosas que más valora y sus más altas prioridades, de que metas le motivarian a emprender una acción continuada y poderosa, y de los planes de acción que desea implementar.

A diferencia del enfoque basado en el hacer más a toda costa, nuestro enfoque está basado en comenzar analizando donde queremos llegar, para despues trazar el plan de acción que nos llevará allí. Resulta impactante la actitud que la mayor parte de seres humanos tenemos hacia la vida.
Por ejemplo, imaginemos que tenemos que hacer un viaje de un fin de semana. A buen seguro lo planificaremos con todo lujo de detalles:a que hora saldremos, donde pararemos a comer, en que lugar dormiremos, que lugares visitaremos, . . . Y sin embargo, con nuestra vida, que es muchísimo más importante, no nos paramos siquiera a planear que queremos hacer con ella.

Esta es la principal razón que hace que en muchas ocasiones notemos que la forma como empleamos nuestro tiempo nos produce insatisfacción y sentimos que cada vez nos distanciamos más de todo aquello que es realmente importante para nosotros. El conflicto aparece cuando lo que hacemos no contribuye a lo que es más importante en nuestras vidas.

El éxito no es más que la realización progresiva de un gran sueño, y también la consecución de ese sueño. El éxito es un proceso de avance «desde» algo, con la intención de ir «hacia» algo mejor, desde el aletargamiento hasta el ejercicio, desde la pasividad hasta la acción, desde la inconstancia hasta la disciplina, desde la mediocridad hasta la más grande de las victorias. Pero más que nada, el éxito consiste en que usted haga que su vida sea lo que usted desea. ¿Qué quiere hacer de su vida? ¡Esta es la gran pregunta! Su primer gran reto en la pasionante aventura de la vida será responder a esta pregunta, tomar el control de su destino, y no permitirse jamás ser arrastrado por las circunstancias. Con toda seguridad dentro de diez años habrá llegado a alguna parte. La pregunta es, ¿A donde?, ¿En qué se habrá convertido?, ¿Cómo vivirá? Ahora es el momento para diseñar los próximos años de su vida y no una vez que ya hayan transcurrido. Debe aprovechar el momento.

A diferencia del enfoque basado en el hacer más a toda costa, nuestro enfoque está basado en comenzar analizando donde queremos llegar, para después trazar el plan de acción que nos llevará allí.

A lo largo del libro iremos descubriendo el proceso de organización *VS Planning System,* que nos capacitará para cambiar nuestro enfoque hacia las cosas realmente importantes. Averiguaremos:

● Como descubrir nuestros principales valores y sueños, para que estos se conviertan en nuestro verdadero norte.

● Como fijar y alcanzar metas que nos lleven a la realización de nuestros sueños y objetivos, y nos otorgen calidad de vida.

● Como establecer planes de acción que permitan que esas metas se hagan realidad.

● Como sacarle el máximo jugo al día a día, consiguiendo tener el sentimiento de que avanzamos hacia el logro de aquellas cosas que más valoramos.

Resulta imprescindible si queremos llegar a administrar el tiempo, que antes definamos que es el tiempo. Realmente es una pregunta un poco complicada. Porque, *¿Qué es el tiempo?*. . .

¿QUE es el TIEMPO?

«¿Qué es, pues, el tiempo? Si nadie me lo pregunta, lo sé; si quiero explicarlo a quien me lo pide, no lo sé. »

San Agustín

Tal como decía San Agustín, cuando hablamos de él, entendemos sin dificultad el concepto de tiempo, pero si tuviésemos que dar una definición, realmente nos resultaría algo complicado el hacerlo.

Pues bien, si hacemos un breve repaso histórico, Isaac Newton afirmaba que el tiempo era algo absoluto, que existía tanto si el Universo existía como tal, como si no. Pero fue Albert Einstein el que rompió este Paradigma, afirmando que el tiempo y los acontecimientos están estrechamente vinculados. Einstein dijo que el tiempo es la sucesión secuencial de los acontecimientos e introdujo el concepto de acontecimientos simultáneos. Es decir, el avión no despega a las cinco; lo hace en el mismo momento en el que las manecillas del reloj señalan las cinco. Son dos acontecimientos simultáneos.

Isaac Newton afirmaba que el tiempo era algo absoluto, que existía tanto si el Universo existía como tal, como si no. Pero fue Albert Einstein el que rompió este Paradigma, afirmando que el tiempo y los acontecimientos están estrechamente vinculados.

El tiempo es "un proceso continuo en el cual se suceden acontecimientos que vienen del pasado, pasan por el presente y van hacia el futuro. "

Si leemos la definición del diccionario encontramos que el tiempo es "un proceso continuo en el cual se suceden acontecimientos que vienen del pasado, pasan por el presente y van hacia el futuro. "

De esta definición claramente podemos concluir que el elementos básico del tiempo son los "Acontecimientos". Nuestra vida se compone de una sucesión de acontecimientos. Cuando nos hemos levantado esta mañana ha sido un acontecimiento, cuando nos hemos cepillado los dientes ha sido otro acontecimiento, cuando hemos realizado esa llamada telefónica ha sido otro acontecimiento, el abrir este libro ha sido otro acontecimiento. . .

Las teorías tradicionales de la administración del tiempo afirman que la clave para administrar eficazmente el tiempo es "El control de los acontecimientos". Y esto, en parte es correcto. Pero existe un factor previo.

¿De que nos puede servir controlar los acontecimientos si no estamos avanzando en la dirección que deseamos?, ¿Para que queremos realizar más y más tareas, si en el fondo sabemos que no nos estan acercando al lugar al que queremos llegar?

¿De qué nos puede servir controlar los acontecimientos si no estamos avanzando en la dirección que deseamos?, ¿Para qué queremos realizar más y más tareas, si en el fondo sabemos que no nos están acercando al lugar al que queremos llegar? Hay un factor mucho más importante y es definir primero qué es lo realmente importante para nosotros. Es, desde luego, una situación harto frecuente el encontrarnos haciendo un montón de cosas todos los días para luego recapacitar y darnos cuenta de que no hemos avanzado hacia ningún lugar. Es como correr sobre una cinta elástica permaneciendo en el mismo punto, pero terminando agotados.

Si queremos llegar a dominar el tiempo, todo lo necesario lo encontraremos dentro de nosotros mismos.De entre todas las habilidades y dones que posee el ser humano, hay una que destaca por su increible poder: la capacidad de tomar decisiones.

EL PODER de las DECISIONES

«Decisión y determinación son el maquinista y el fogonero de nuestro tren a la oportunidad y el éxito»

Burt Lawlor

La forma más poderosa de configurar nuestros resultados con el tiempo, y con ellos nuestra vida, consiste en emprender la acción. Lo que va a configurar nuestra vida no es lo que hagamos de vez en cuando, sino lo que hagamos de forma consistente.

Pero, ¿Qué es lo que precede a cualquier acción?, ¿Qué determina las acciones que tomamos y, en consecuencia, en quién nos convertimos y cúal es nuestro destino último en la vida? La respuesta se hace evidente: el poder de la decisión. Todo lo que nos sucede en la vida, tanto aquello que nos entusiasma como las cosas que nos plantean un reto, comienzan con una decisión.

¿Qué es lo que precede a cualquier acción?, ¿Qué determina las acciones que tomamos y, en consecuencia, en quién nos convertimos y cúal es nuestro destino último en la vida? La respuesta se hace evidente: el poder de la decisión.

Son nuestras propias decisiones y no las condiciones de nuestra vida las que configuran nuestros destinos más que ninguna otra cosa. Si no tomamos las decisiones acerca de cómo queremos vivir, entonces, de algún modo ya hemos tomado una decisión; la decisión de permanecer igual.

Si no tomamos las decisiones acerca de cómo queremos vivir, entonces, de algún modo ya hemos tomado una decisión; la decisión de permanecer igual.

No se trata de decidir simplemente lo que nos gustaría tener en la vida o aquello en lo que deseamos convertirnos, sino en quién nos comprometamos a ser y qué nos comprometamos a tener en la vida. Esa es la diferencia fundamental.

Involucrarse en algo es muy diferente de comprometerse con algo. Este punto resulta claro en el ejemplo de la tortilla con jamón. Para realizar esa tortilla intervienen dos animales: la gallina y el cerdo. La gallina simplemente puso los huevos y se fué, es decir, solamente se involucró. Pero el cerdo se murió para dar el jamón, es decir, se comprometió. En la vida hay que actuar con compromiso, no simplemente con intenciones.

Tomar una verdadera decisión significa descartar cualquier otra posibilidad. De hecho, la palabra decisión procede de la raiz latina "de", que significa "de", y "caedere", que significa "cortar", "escindir". Tomar una verdadera decisión significa comprometerse en alcanzar un resultado, y luego descartar cualquier otra posibilidad que no sea esta.

Cuando hayamos decidido no permitir que nuestra vida se vea configurada por las circunstancias, sino sólo por nuestras propias decisiones, entonces, en ese preciso instante nuestra vida habrá cambiado para siempre, y habremos establecido el primer compromiso fundamental para que el tiempo trabaje en nuestro favor y no en nuestra contra.

El concepto de Proactividad

Para tomar conciencia de este punto vamos a profundizar en un concepto fundamental que nos puede ayudar a tomar el control sobre los resultados que obtenemos: el concepto de "Proactividad".

Posiblemente sea esta la primera ocasión en la que lee esta palabra, pero se trata realmente de un concepto fabuloso que se halla en la base de cualquier mejora importante que usted quiera aportar a su vida.

¿Qué significa ser Proactivo? Para comprenderlo vamos a analizar los orígenes del concepto. Durante muchos años ha predominado una corriente de pensamiento llamada determinismo, que pretendía explicar la naturaleza del ser humano. Dentro de esta corriente se han dado básicamente tres tipos de teorías deterministas.

La primera de ellas, el determinismo genético, afirmaba en pocas palabras que el ser humano está condicionado por su herencia genética. Es decir, yo tengo buen carácter por que mi abuelo tenía buen carácter.

Durante muchos años ha predominado una corriente de pensamiento llamada determinismo, que pretendía explicar la naturaleza del ser humano. Dentro de esta corriente se han dado básicamente tres tipos de teorías deterministas:

- ● *el determinismo genético*

- ● *el determinismo psíquico*

- ● *el determinismo ambiental*

La segunda de ellas es el determinismo psíquico, que en pocas palabras viene a decir que estamos condicionados por la educación , las creencias y valores que nos han inculcado desde niños.

La tercera de ellas es el determinismo ambiental, que viene a decir que nuestro comportamiento está condicionado por todo lo que nos rodea; el jefe, el gobierno, el clima, . . .

Son teorías totalmente reactivas. Es decir, yo reacciono ante lo que me sucede. Y así, encontramos a nuestro alrededor una cantidad increible de personas que tienen como pauta de comportamiento el ser reactivos. Si usted les da la mano, ellos le dan la mano. Si usted les sonríe, ellos le sonríen. Si usted les hace un regalo de cinco mil pesetas, ellos le harán un regalo de cinco mil pesetas. . . . Simplemente son reactivos;están reaccionando ante los acontecimientos.

Pero claramente esta pauta de comportamiento, no conlleva resultados importantes y gratificantes.

En estas
circunstancias fue
cuando un día
descubrió lo que el
llamó "la libertad
última del ser
humano" que nadie
podía quitarle. A pesar
de todas las
circunstancias, Frankl
tomó conciencia de
que él tenía el poder
de decidir de qué
modo le afectaban
esas circunstancias.
Es decir, entre lo que
a una persona le
sucede, y su
respuesta, enmedio
está su libertad para
cambiar esa
respuesta.

Vale la pena
reflexionar sobre este
concepto.
Significa que nuestra
conducta es una
función de nuestras
decisiones, pero no de
nuestras circunstan-
cias, y que desde
luego el ser humano
por naturaleza es un
ser proactivo. Este
quizás sea el compro-
miso más importante;
el de comprometerse a
hacer que las cosas
sucedan y no
quedarse sentado para
ver si suceden.

Es el concepto de Proactividad el que contrasta con esta actitud y nos lleva mucho más allá. Fue Victor Frankl, psiquiatra judío educado en la tradición de la psicología freudiana, quien formuló de forma magnífica este principio fundamental de la naturaleza humana.

Durante la segunda guerra mundial fue hecho prisionero y permaneció encarcelado en campos de concentración de la Alemanía Nazi. Las experiencias que vivió en dichos campos fueron realmente estremecedoras tal como relata en su famoso libro "El hombre en busca de sentido". Su mujer, su hermano y sus padres murieron en las cámaras de gas. El mismo siempre permanecía con la duda de si sería el próximo en engrosar las enormes listas de victimas.

En estas circunstancias fue cuando un día descubrió lo que el llamó "la libertad última del ser humano" que nadie podía quitarle. A pesar de todas las circunstancias, Frankl tomó conciencia de que él tenía el poder de decidir de qué modo le afectaban esas circunstancias. Es decir, entre lo que a una persona le sucede, y su respuesta, enmedio está su libertad para cambiar esa respuesta.

Vale la pena reflexionar sobre este concepto. Significa que nuestra conducta es una función de nuestras decisiones, pero no de nuestras circunstancias, y que desde luego el ser humano por naturaleza es un ser proactivo. Este quizás sea el compromiso más importante; el de comprometerse a hacer que las cosas sucedan y no quedarse sentado para ver si suceden. Los seres humanos poseemos la capacidad para cambiar nuestras circunstancias. Tal como dijo Bénjamin Disraeli "El hombre no es hijo de las circunstancias, las circunstancias son las hijas de los hombres. " Es evidente que la naturaleza básica del ser humano consiste en actuar y no en que se actúe sobre él.

El concepto de control

Como ya hemos comentado, uno de los conceptos claves a la hora de ser eficaces en la gestión de nuestro tiempo es el control. Imaginemos por un instante algún acontecimiento que no podemos controlar. Posiblemente nos vendrán a la cabeza acontecimientos del tipo de "el clima que hace", "el país en el que hemos nacido", "el tráfico que nos encontraremos en una carretera". . . . y realmente son buenos ejemplos. Pero si vamos a la esencia de la cuestión, nos daremos cuenta de que hay un tipo de acontecimientos que nunca podemos controlar, y son todos aquellos que dependen de nuestro prójimo. Podemos evidentemente influirlos, pero no controlarlos.

Pero si vamos a la esencia de la cuestión, nos daremos cuenta de que hay un tipo de acontecimientos que nunca podemos controlar, y son todos aquellos que dependen de nuestro prójimo.

Por el contrario, existen acontecimientos que podemos controlar totalmente, y son aquellos que dependen de nosotros mismos. Es evidente que todo aquello que dependa de nosotros podemos llegar a controlarlo, aunque en ocasiones pensemos que escapa de nuestro control. Obviamente para tomar el control de los acontecimientos de nuestra vida se requiere pagar el precio de actuar con proactividad. Pero vale la pena ya que si pensamos en los sentimientos asociados a acontecimientos que se escapan de nuestro control nos resultará fácil pensar en emociones como frustación, enojo, ira, ansiedad, estrés, ... mientras que los acontecimientos que controlamos nos acercan emociones como seguridad, paz, libertad, tranquilidad, realización. . . . . Hay realmente una diferencia enorme y se hace evidente que el control apropiado de los acontecimientos trae consigo el sentirnos bien acerca de nosotros mismos y el aumento de nuestra autoestima.

Por el contrario, existen acontecimientos que podemos controlar totalmente, y son aquellos que dependen de nosotros mismos. Es evidente que todo aquello que dependa de nosotros podemos llegar a controlarlo, aunque en ocasiones pensemos que escapa de nuestro control.

Una vez que nos hemos aproximado a dar una definición del tiempo y hemos introducido los conceptos de proactividad y control vamos a diferenciar los conceptos de urgente e importante. Asumir la gran diferencia que existe entre ambos conceptos es de vital importancia.

URGENTE contra IMPORTANTE

«Alguien debería decirnos, justo al principio de nuestras vidas, que nos estamos muriendo. Entonces, podríamos vivir la vida al límite, cada minuto, cada segundo de cada día. Sólo hay unos mañanas contados.»

Michael Landon

"Urgente" significa que necesita de una atención inmediata. Ha de hacerse ahora. Las cosas urgentes suelen actuar sobre nosotros. Un ejemplo típico de algo urgente es el timbre del teléfono que nos reclama atención inmediata. Las materias urgentes son por lo general muy vistosas y llamativas. Reclaman nuestra acción y suelen ser agradables, fáciles y divertidas de realizar. Pero generalmente carecen de importancia.

"Urgente" significa que necesita de una atención inmediata. Ha de hacerse ahora. Las cosas urgentes suelen actuar sobre nosotros.

En contraposición, el concepto de "Importante" tiene que ver con los resultados y la eficacia. Si algo es importante realiza una gran aportación a nuestros objetivos. Por ello, las cuestiones importantes, requieren generalmente que seamos nosotros quienes tomemos la iniciativa para acercarnos hacia ellas.

En contraposición, el concepto de "Importante" tiene que ver con los resultados y la eficacia. Si algo es importante realiza una gran aportación a nuestros objetivos.

Así pues, no es aventurado afirmar que las personas de éxito suelen comenzar realizando lo importante.

Así pues, no es aventurado afirmar que las personas de éxito suelen comenzar realizando lo importante. Hacen las cosas que a los que fracasan no les gusta hacer. No es que les encante hacerlas, pero su insatisfacción está subordinada a la fuerza de sus objetivos.

Hacen las cosas que a los que fracasan no les gusta hacer. No es que les encante hacerlas, pero su insatisfacción esta subordinada a la fuerza de sus objetivos.

Esta es, en muchas ocasiones, la causa de que no prestemos atención a las cosas importantes y vivamos totalmente enfocados en las urgencias, intentando solucionar los problemas del día a día. Por supuesto que dedicar tiempo a hablar con un hijo o con nuestra pareja es algo tremendamente importante, pero generalmente no es algo urgente hasta que aparece una crisis y hemos de hacerlo. Las cosas importantes siempre suelen estar allí, no suenan como el teléfono, ni reclaman nuestra atención. Por ello, no sería aventurado afirmar que los asuntos importantes no suelen ser urgentes, y los urgentes pocas veces son importantes.

Para hacer más claro este punto vamos a analizar los cuatro tipos de actividades que podemos encontrar en nuestro desempeño diario:

● Existen, en primer lugar, actividades que son importantes y urgentes a la vez. Aquí englobariámos las crisis, los proyectos cuyas fechas vencen y actividades importantes que, por su imprevisibilidad, se hacen a la vez urgentes. Las actividades de este tipo suelen provocar un alto estrés y la sensación de estar permanentemente apagando incendios.

● En segundo lugar encontramos actividades que son urgentes pero carecen de importancia. Son actividades como algunas reuniones, interrupciones, algunas llamadas y actividades populares. Suelen traer de la mano la concentración en el corto plazo, la administración de crisis y el total olvido de metas y planes, por considerar que no valen la pena, ya que nunca se consigue cumplirlos. Este tipo de actividades conlleva sentimientos de que todo se nos escapa de las manos y nos sentimos excluidos del control.

● En tercer lugar encontramos actividades que no son ni urgentes ni importantes. Hablamos de algunas llamadas intrascendentes, las trivialidades, actividades agradables y el ajetreo inútil entre muchas otras. Las personas que tienen centrado su desempeño diario en este tipo de actividades suelen ser el vivo retrato de la ineficacia. Gran parte de lo que están haciendo carece de importancia, y ni tan siquiera es urgente.

● Por último, en cuarto lugar encontramos las actividades que son importantes y no han llegado a ser urgentes. Son el tipo de actividades que marcan la diferencia positiva. Entre ellas encontramos la planificación, la construcción y el cuidado de relaciones, la prevención y el desarrollo de nuevas oportunidades. Son actividades que aportan un avance hacia nuestros objetivos, que aportan equilibrio y una visión que va más allá del simple día a día. Y si tuviésemos que definir con una palabra qué podemos conseguir centrándonos en este tipo de actividades, esa palabra sería "eficacia". Las personas que se centran en realizar actividades que son importantes pero que no han llegado a ser urgentes son altamente eficaces y valiosas. Recuerde siempre que las personas eficaces huyen de las actividades que carecen de importancia, sean estas urgentes o no, porque no suponen un avance y una aportación para alcanzar sus objetivos.

Sería interesante que por unos instantes usted se detenga a reflexionar sobre la siguiente cuestión: "¿Está usted actualmente centrado en actividades que son realmente importantes, que marcan una diferencia positiva y de avance en su vida? O por el contrario ¿Permanece centrado en actividades urgentes, que le restan mucha energía, pero que no le acercan hacia ningún lugar?"

Por ello, sería interesante que por unos instantes usted se detenga a reflexionar sobre la siguiente cuestión:"¿Está usted actualmente centrado en actividades que son realmente importantes, que marcan una diferencia positiva y de avance en su vida? O por el contrario, ¿Permanece centrado en actividades urgentes, que le restan mucha energía, pero que no le acercan hacia ningún lugar?"Estas son preguntas vitales para determinar en que tipos de actividades estamos centrados y poder implementar mejoras para comenzar a centrarnos en lo que es verdaderamente importante.

El principio del equilibrio

La vida no está compuesta de áreas aisladas a las que hay que atender de forma consecutiva. Así por ejemplo, no se trata de correr del área laboral a la personal y de esta a la familiar y la social con la suficiente velocidad como para atender a todas. El verdadero equilibro se dá cuando pensamos en el conjunto de esas áreas como en un todo.

Por ello, es fundamental comprender el principio del equilibrio. La vida no está compuesta de áreas aisladas a las que hay que atender de forma consecutiva. Así por ejemplo, no se trata de correr del área laboral a la personal y de esta a la familiar y la social con la suficiente velocidad como para atender a todas. El verdadero equilibro se da cuando pensamos en el conjunto de esas áreas como en un todo. Todas las áreas están interrelacionadas y todas son importantes. La verdadera brecha se da cuando tenemos la sensación de que lo que estamos haciendo no está contribuyendo a lo que consideramos como más importante en nuestras vidas. Así, ocurre con frecuencia que, por ejemplo, el trabajo nos aparta de nuestra familia, que el exceso de vida social nos impide desarrollarnos personalmente por no disponer de tiempo para nosotros mismos. . . Es cuando se producen estas situaciones cuando surgen preguntas del tipo de "¿Valió realmente la pena luchar tanto por escalar profesionalmente desatendiendo casi por completo a mi familia? La respuesta en muchas ocasiones es desalentadora.

Sin embargo, cuando pensamos en esas cuatro áreas como en un todo, podemos conscientemente luchar por alcanzar un verdadero equilibrio que nos acerque a la autorrealización. No tiene porqué existir esa brecha.

La clave para conseguir ese equilibrio la podemos encontrar en el proceso de planificación.

¿QUE ES PLANIFICAR?

«Planifica el futuro porque es allí donde vas a pasar el resto de tú vida.»

Mark Twain

Podemos decir que la planificación es la determinación adelantada de los acontecimientos. Es una labor de previsión y de anticipar lo que queremos realizar.

Resulta curioso que en una famosa encuesta realizada a ejecutivos de múltiples áreas, se detectó que escasamente un 5% de estos ejecutivos dedicaban un espacio de tiempo diariamente a planificar. Realmente es un dato estremecedor, pero lo son todavía más, las razones por las cuáles no lo hacían.

Podemos decir que la planificación es la determinación adelantada de los acontecimientos. Es una labor de previsión y de anticipar lo que queremos realizar.

● El 72% de los encuestados dijo que no planificaba porque no tenía tiempo. ¿Pueden ustedes creerlo? Es como la historia de aquella persona que quería montar un restaurante, pero que decía que cuando comenzaran a entrar clientes y a servir comidas compraría las mesas, las sillas y lo cubiertos. Obviamente nunca montará el restaurante porque los clientes nunca entrarán hasta que no vean un restaurante en condiciones y listo para funcionar. Con el tiempo ocurre lo mismo. Si no invertimos algo de tiempo en planificar, nunca dispondremos de tiempo para hacer las actividades realmente importantes, y tendremos la sensación de que nos falta tiempo para todo.

● La segunda excusa más citada fue "apagar fuegos tiene más prioridad". Es el enfoque de actuar sobre lo más urgente del momento pasando de una crisis a otra constantemente. Obviamente la mayor parte de esas urgencias aparecen por no haber dedicado algo de tiempo en el momento apropiado para planificar esos acontecimientos y así poder actuar sobre ellos correctamente.

● La tercera excusa fue "Planificar limita mi libertad". A estas personas habría que preguntarles "¿Quién es el que planifica?" Obviamente, cada uno de nosotros podemos planificar nuestras actividades, con lo cual planificaremos aquello que más nos convenga y en absoluto quedará limitada nuestra libertad.

Desde luego no es suficiente dedicar simplemente un tiempo diario a la planificación, sino que la planificación ha de ser eficaz. Existen cinco reglas de oro que han de seguirse para que la planificación produzca resultados positivos.

Las 5 reglas de oro de la planificación eficaz

❖ *La primera es la regla del setenta-treinta.*

De nuestro tiempo productivo de la jornada hemos de planificar entre un 60 y un 70 por ciento. Dejaremos aproximadamente un 20% de nuestro tiempo sin planificar para poder hacer frente a imprevistos, interrupciones y actividades que no planificamos. Y por último haremos una reserva absoluta de un 10% de nuestro tiempo para poder abordar aquellas tareas de vital importancia y que requieren toda nuestra concentración y energía. Ha de ser un periodo en el que no se produzcan interrupciones y usted se pueda centrar en las tareas verdaderamente importantes, aquellas que marcan la diferencia.

❖ *La segunda regla consiste en diferenciar claramente lo importante de lo urgente.*

La planificación ha de estar siempre basada en actividades que son importantes y que no hemos dejado que lleguen a ser urgentes.

❖ *La tercera regla nos dice que la planificación ha de ser realista.*

Esto quiere decir que debemos evitar planificar en exceso. Es muy frecuente, a la hora de planificar, pecar de cierto exceso de optimismo, para comprobar al final de la jornada que gran parte de las tareas planificadas han quedado sin hacer, lo cual desemboca en sentimientos de frustración. Sea siempre consciente, a la hora de planificar, de que nuestro tiempo es limitado. Cíñase a lo más importante en primer lugar.

❖ *La cuarta regla contempla que la planificación eficaz siempre está basada en una lista ordenada por prioridades.*

Para poder realizar una correcta planificación del tiempo es necesario mantener una perspectiva de todas las tareas que figuran en el planificador. Esto sólo se puede conseguir, como veremos más adelante, con una lista de tareas diarias ordenada por prioridades.

❖ *La quinta regla nos dice que es fundamental mantener una visión con perspectiva.*

No se trata de ver únicamente el día a día, sino el objetivo perseguido. Las tareas siempre forman parte

---

Las 5 reglas de oro de la planificación eficaz

● *La primera es la regla del setenta-treinta.*

● *La segunda regla consiste en diferenciar claramente lo importante de lo urgente.*

● *La tercera regla nos dice que la planificación ha de ser realista.*

● *La cuarta regla contempla que la planificación eficaz siempre está basada en una lista de tareas ordenada por prioridades.*

● *La quinta regla nos dice que es fundamental mantener una visión con perspectiva.*

de objetivos por alcanzar y es bien importante mantener el enfoque en los resultados a obtener, y no en tareas concretas, que por sí solas no nos dicen nada.

Vistas estas cinco reglas de oro de la planificación veámos cuáles han sido las generaciones que se han ido produciendo dentro de la admistración del tiempo.

Generaciones en los sistemas de administración del tiempo.

◆ La primera generación esta compuesta por la "listas de tareas" para hacer. Seguro que todos nosotros, en alguna ocasión, hemos confeccionado una lista de cosas para hacer en un trozo de papel. Este primer sistema de planificación, tiene como problema fundamental, el centrarnos exclusivamente en aquellas cosas que tenemos delante y las actividades se escapan de nuestro control, ya que no tenemos una estructura de planificación en el tiempo.

◆ La segunda generación está compuesta por los dietarios o agendas típicas. Su única ventaja con respecto a la generación anterior consiste en que ordenan esas listas por días en un calendario.

La planificación realmente eficaz sólo se dá en los planificadores de cuarta generación como el planificador VS. En estos planificadores el punto de partida siempre es la determinación de los valores, objetivos, sueños y metas para poder trazar un plan de acción eficaz que nos lleve a conseguir aquellos resultados que más anhelamos.

◆ La tercera generación dá un paso más allá e introduce la idea de la prioridad. Son planificadores en los que se realiza una lista diaria de actividades para posteriormente asignar una prioridad y un orden a cada una de las tareas. Su principal problema es que nos centra exclusivamente en el día a día. Y aquí es donde entra en juego la pregunta: "¿De qué sirve planificar magníficamente el día a día ,si la suma de esos días no nos lleva a alcanzar nuestros objetivos más preciados?"

◆ Por ello, la planificación realmente eficaz, sólo se da en los planificadores de cuarta generación como el planificador VS. En estos planificadores el punto de partida siempre es la determinación de los valores, objetivos, sueños y metas para poder trazar un plan de acción eficaz que nos lleve a conseguir aquellos resultados que más anhelamos.

Su planificador VS tiene todas las características de un planificador de cuarta generación. En primer lugar le permite conseguir una armonía entre sus valores, objetivos, metas y tareas diarias. Además, le ayudará a mantener un equilibrio entre todas las áreas de su vida: la familia, el desarrollo profesional, la salud o el desarrollo personal. Por otra parte es una herramienta que le animará y le ayudará a centrar su desempeño en las tareas realmente importantes , de modo que más que dar prioridad a las crisis, se aplique a su prevención. También es importante destacar que el planificador trabaja para usted, no usted para el planificador. Es una herramienta que puede y debe ser personalizada deacuerdo a sus necesidades. Y por último es portátil, ya que como veremos más adelante es importante que usted lleve en todo momento su planificador con usted durante su tiempo productivo.

La planificación del día a día es consecuencia de tener determinados con anterioridad nuestros objetivos. Y es en ese momento cuando el ordenar por importancia y prioridad nuestras tareas resulta útil.

Llegados a este punto vamos a adentrarnos en el uso del sistema de planificación VS. Comenzaremos introduciendo el concepto más importante que veremos a lo largo del libro: *La escala de la Productividad.*

6 *LA ESCALA de la productividad*

Lista de tareas diarias
Metas a corto plazo
Metas a largo plazo
Sueños
Valores

«*Si uno avanza en la dirección de sus propios sueños y objetivos para llevar la vida que ha imaginado se encontrará con un éxito inesperado.*»

Henry David Thoreau

Realmente podemos afirmar que la gestión eficaz del tiempo pasa por determinar, en primer lugar, hacia dónde queremos dirigirnos. No se trata de hacer más cosas en menos tiempo, sino de que hagamos aquellas cosas que nos lleven a alcanzar nuestros objetivos más elevados. Resulta por ello de vital importancia determinar antes de comenzar cuáles son las cosas que más valoramos para posteriormente poder trazar un plan para alcanzarlas.

Por ello, el sistema de planificación de VS comienza determinando en primer lugar cuáles son sus valores y sus sueños, para una vez determinados poder definir las metas a largo y a corto plazo que ha de alcanzar para lograrlos. Y sólo en último lugar aparece la planificación del día a día, como el último escalón necesario para que todo el proceso se realice.

El sistema de planificación de VS comienza determinando en primer lugar cuáles son sus valores y sus sueños, para una vez determinados poder definir las metas a largo y a corto plazo que ha de alcanzar para lograrlos. Y sólo en último lugar aparece la planificación del día a día, como el último escalón necesario para que todo el proceso se realice.

Lista de tareas diarias

Metas a corto plazo

Metas a largo plazo

Sueños

Valores

Primer Peldaño: Definiendo los valores

«Nada orienta más la vida de una persona, que un buen conjunto de principios.»

Ralph Waldo Emerson

Para comenzar a construir su escala de la productividad es de vital importancia que usted realice con interés y concentración el siguiente ejercicio. Es posiblemente el ejercicio más importante de los que haremos a lo largo del libro. Suprima por un momento todo de su mente, salvo lo que está leyendo, y concéntrese en el ejercicio que va a realizar.

Véase mentalmente llegando al aeropuerto para emprender un viaje de vacaciones a las Islas Seychelles. Hacía tiempo que no podía disdrutar de unas vacaciones como estas, y está ansioso por llegar a su destino para relajarse por unos días y olvidar las tensiones del trabajo.

Embarca en el avión, y en unos instantes el avión despega. Durante el vuelo, usted se dedica a saborear la lectura de un buen libro que había com-

prado hace algún tiempo y que todavía no había teni-
do oportunidad de leer.

Cuando lleva cuatro horas de vuelo, la voz del
comandante del avión se deja oir por los altavoces.
Anuncia que el avión ha sufrido una avería muy grave
y que no tienen la certeza de poder solucionar el pro-
blema. En ese momento informa a todos los pasaje-
ros de que si la avería no logra solucionarse en los
próximos quince minutos, tendrá que intentar un
amerizaje forzoso sobre el Oceano Indico. Durante
esos quince minutos, propone a los pasajeros que
escriban una última carta de despedida que será
guardada en una caja de seguridad del avión, para
que en caso de que ocurriese lo peor, fuese entrega-
da a sus seres queridos.

Imagíne vividamente esta situación. Dedique a conti-
nuación quince minutos a redactar esa última carta
de su vida. ¿Qué mensaje transmitiría a sus seres
queridos? ¿Qué cosas son las que tienen la mayor
importancia en su vida? ¿Qué le gustaría que sus
seres queridos recordasen de usted?

Escriba a continuación las respuestas a todas estas
preguntas y reflexione sobre ellas. Si realiza con
honestidad esta experiencia de visualización llegará a
darse cuenta por unos momentos de algunos de sus
valores más profundos y fundamentales.

MI ULTIMA CARTA

_____

_____

_____

_____

_____

_____

_____

_____

_____

_____

_____

_____

_____

_____

_____

Los valores primordia-
les son aquellos
principios y
cualidades que, para
cada uno de nosotros,
tienen la más alta
prioridad.

_____

_____

_____

_____

_____

Afortunadamente, el problema del avión queda solucionado, y usted podrá disfrutar de sus vacaciones. Pero ha conseguido algo muy importante: tomar conciencia de qué es lo que tiene la más alta prioridad en su vida. En esa carta seguro que aparece reflejado su valor más importante.

Los valores primordiales son aquellos principios y cualidades que, para cada uno de nosotros, tienen la más alta prioridad. Esto se hace evidente en la famosa cita: "Tener éxito es lograr lo que quieres, ser feliz es querer lo que logras". Sólo cuando nuestro comportamiento esté alineado con nuestros valores personales gozaremos del control apropiado de los acontecimientos, y por tanto, lograremos una gestión eficaz y satisfactoria de nuestro tiempo.

A continuación vamos a citar una lista de los valores más usuales que puede ayudarle a elaborar su propia lista de valores personales.

- Amo a mi familia
- Gozo de buena salud
- Amo a Dios
- Soy honrado
- Tengo independencia económica
- Tengo seguridad
- Me desarrollo intelectualmente
- Soy íntegro
- Soy honesto
- Soy Autosuficiente
- Soy una persona organizada
- Soy generoso
- Soy innovador
- Soy productivo
- Busco la excelencia
- Soy humilde
- Tengo una actitud positiva
- Vivo la vida intensamente

Sólo cuando nuestro comportamiento esté alineado con nuestros valores personales, gozaremos del control apropiado de los acontecimientos, y por tanto, lograremos una gestión eficaz y satisfactoria de nuestro tiempo.

Se trata simplemente de una lista con algunos de los valores más típicos. Seleccione de ella o añada aquellos que considere sus valores primordiales y ordénelos a continuación de mayor a menor importancia para usted. Así, por ejemplo, si para usted el valor "Amo a mi familia" es el valor que tiene mayor importancia asígnele un uno. Si el valor "Gozo de buena salud" es el segundo en importancia para usted, asígnele un dos, . . . y así sucesivamente con toda su lista. Obviamente el número de valores que incluirá la lista de cada persona será totalmente diferente. Escriba y ordene a continuación su propia lista.

MI LISTA DE VALORES

A continuación vamos a trabajar en clarificar esos valores. Clarificar un valor requiere cierta reflexión. Para ello es conveniente que usted se haga, para cada uno de los valores que ha establecido en su lista, las dos siguientes preguntas:

- Si tuviera este valor plenamente, ¿Cómo sería mi comportamiento?

- ¿Qué hace una persona si quiere conseguir este valor?

Clarificar un valor requiere cierta reflexión.

● ***Si tuviera este valor plenamente, ¿Cómo sería mi comportamiento?***

● ***¿Qué hace una persona si quiere conseguir este valor?***

Así, por ejemplo, podríamos aclarar lo que significa el valor "Amo a mi familia" para nosotros respondiendo a estas preguntas:

▮ Si amase plenamente a mi familia, ¿Cómo sería mi comportamiento?

▮ ¿Qué hace una persona si quiere amar a su familia?

Las respuestas a estas preguntas podrían ser:

- Me esfuerzo siempre en comunicarme y hacer sentir especiales y queridos a mi familia.
- Dedico el tiempo suficiente a mantener las relaciones familiares.
- Me siento orgulloso de mis padres y les agradezco todo su amor y sacrificios hacia mi.
- Proporciono seguridad tanto de actitud como económica a mí familia.
- Educo a mis hijos con valores vertebrales del ser humano.

Este ejercicio de clarificación de nuestros valores nos aportará luz sobre todas aquellas cosas que realmente suponen una gran diferencia en nuestra vida. Nos permitiran comenzar a centrarnos en todo aquello que es verdaderamente importante y valioso para nosotros. Nos evitará caer en las redes de la actividad constante, intentando siempre hacer más y más, sólo para darnos cuenta al final de que estábamos recorriendo el camino equivocado.

● En su planificador VS encontrará detrás del separador correspondiente a la escala de la productividad, las hojas destinadas al desarrollo de su propia escala. Las primeras hojas que encontrará corresponden a la determinación y clarificación de sus valores. Para facilitarle el trabajo, le mostramos a continuación unos ejemplos.

Léalos y defina a continuación los valores de su propia lista.

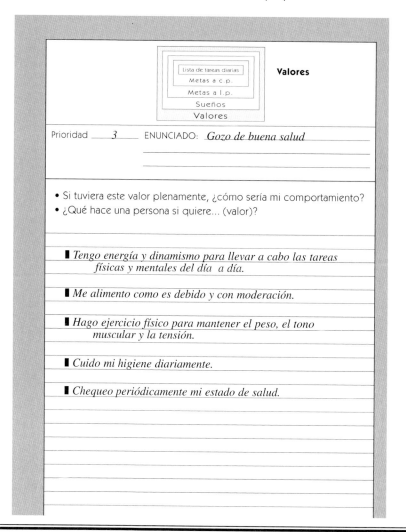

| Lista de tareas diarias |
| Metas a c.p. |
| Metas a l.p. |
| Sueños |
| Valores |

Valores

Prioridad ___2___ ENUNCIADO: ___Tengo independencia económica___

- Si tuviera este valor plenamente, ¿cómo sería mi comportamiento?
- ¿Qué hace una persona si quiere... (valor)?

▌ *El dinero no me preocupa y dispongo del tiempo libre que quiero para disfrutar con mi familia.*

▌ *Puedo viajar por todo el mundo con mi familia.*

▌ *Puedo ayudar a las personas que no tienen recursos económicos.*

▌ *Vivo relajado y feliz.*

▌ *Pago todo al contado y no tengo deudas.*

© 2000 V&S Planning System, S. L. Impreso en España   Ref. 2010

| Lista de tareas diarias |
| Metas a c.p. |
| Metas a l.p. |
| Sueños |
| Valores |

Valores

Prioridad ___4___ ENUNCIADO: _Tengo una actitud mental positiva_

• Si tuviera este valor plenamente, ¿cómo sería mi comportamiento?
• ¿Qué hace una persona si quiere... (valor)?

❚ *Veo siempre el lado positivo de cada situación.*

❚ *Me enfoco en ver soluciones, no problemas.*

❚ *Creo siempre que puedo lograr aquello que me propongo.*

❚ *Leo y escucho cosas positivas.*

❚ *Animo a los demás a creer en ellos mismos.*

© 2000 V&S Planning System, S. L. Impreso en España

Ref. 2010

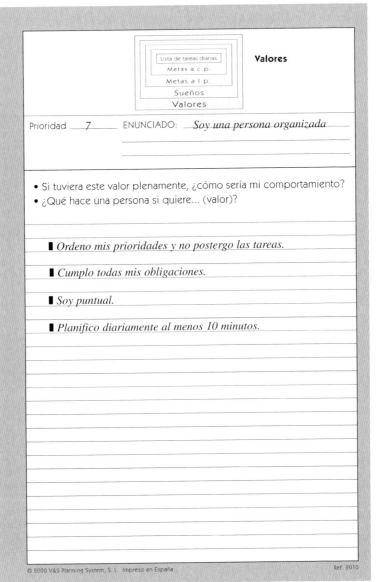

Lista de tareas diarias	**Valores**
Metas a c.p.	
Metas a l.p.	
Sueños	
Valores	

Prioridad ___7___ ENUNCIADO: __Soy una persona organizada__

- Si tuviera este valor plenamente, ¿cómo sería mi comportamiento?
- ¿Qué hace una persona si quiere... (valor)?

▋ *Ordeno mis prioridades y no postergo las tareas.*

▋ *Cumplo todas mis obligaciones.*

▋ *Soy puntual.*

▋ *Planifico diariamente al menos 10 minutos.*

Ref. 9010

Lista de tareas diarias
Metas a corto plazo
Metas a largo plazo
Sueños
Valores

Segundo Peldaño: Definiendo los sueños

«Algunos hombres ven las cosas como son, y dicen ¿porqué? Yo sueño con cosas que nunca fueron, y me pregunto: ¿porqué no?.»

George Bernard Shaw

Cuando haya confeccionado su lista de valores, y los haya definido utilizando las hojas de su planificador, podremos pasar al segundo peldaño en la escala de la productividad; la definición de nuestros sueños y objetivos.

Ciertamente todo camino de éxitos comienza con un sueño. Es la chispa que enciende el motor del entusiasmo y de la acción. Los sueños son el combustible necesario para emprender cualquier proyecto, y la verdadera naturaleza humana es la de los grandes ideales y sueños que alcanzar.

Ciertamente todo camino de éxitos comienza con un sueño. Es la chispa que enciende el motor del entusiasmo y de la acción.

El mejor ejemplo de buenos soñadores lo encontramos en los niños. Se hizo un estudio con niños educados en una gran variedad de niveles sociales y se les preguntó a todos ellos la misma pregunta : "Tú, ¿Qué vas a ser de mayor?" . Y todos ellos, independientemente de su nivel económico respondian con absoluta espontaneidad grandes destinos; Campeón olímpico, Presidente, Explorador del Oceano, . . . No pensaban en limitaciones, sino en aspiraciones.

Lamentablemente, el ser humano pierde con la edad esa inocencia para atreverse a soñar. Y obviamente no estamos abogando aquí por esos sueños que escapan de toda lógica. Está claro que si tengo 60 años y peso 120 kilos no puedo ser campeón olímpico de los 100 metros lisos. Hablamos de aquellos sueños que se plantean teniendo los pies en la tierra, pero el corazón y los ojos en las estrellas.

Pero, ¿Qué nos ocurre a medida que vamos dejando de ser niños y vamos creciendo? Yo le he llamado la "Teoría de los hombres y mujeres Bonsais".

Todas las personas nacemos con un potencial por desarrollar ilimitado. Exactamente igual que una semilla de un gran árbol. Comenzamos nuestra andadura en la vida y siendo niños, nuestra mente no entiende de limitaciones, todos pensamos en realizar grandes cosas. Pero igual que le ocurre a esa semilla que empieza a crecer con toda su fuerza y comienza a recibir el tratamiento para convertirse en Bonsai, nosotros dejamos que a base de repetirnos mil y una vez estas malditas palabras "Tú no puedes", nuestros sueños se vayan quedando cada vez más y más pequeños.

Todas las personas nacemos con un potencial por desarrollar ilimitado. Exactamente igual que una semilla de un gran árbol. Comenzamos nuestra andadura en la vida y siendo niños, nuestra mente no entiende de limitaciones, todos pensamos en realizar grandes cosas. Pero igual que le ocurre a esa semilla que empieza a crecer con toda su fuerza, y comienza a recibir el tratamiento para convertirse en Bonsai, nosotros dejamos que a base de repetirnos mil y una vez estas malditas palabras "Tú no puedes", nuestros sueños se vayan quedando cada vez más y más pequeños. Esos niños que éramos, soñadores, entusiastas, vamos convirtiéndonos en hombres y mujeres Bonsais. Dejamos que otros y la sociedad nos arrastre a un nivel de mediocridad y frustación. Y muchas veces nos consolamos al compararnos con los demás diciendo:"Si estoy igual o mejor que mi vecino". Nos hemos convertido en Bonsais dentro de un bosque de Bonsais.

A medida que nos convertimos en adultos, la "realidad" se impone y nuestros sueños comienzan a parecernos lejanos e inalcanzables .

Pero el destino del hombre no es ser un Bonsai. Es luchar diariamente y enfocarse en sus mayores sueños, desarrollando todas sus potencialidades para alcanzarlos.

Establecer sus sueños es el primer paso para convertir lo invisible en visible, los cimientos de todo éxito en la vida. Hay muchas personas que en el fondo de su corazón saben lo que deberían hacer en la vida, pero nunca lo hacen. Ello se debe a que les falta la motivación y el impulso que sólo puede aportar la definición de un futuro convincente.

Siéntase por un instante niño de nuevo, y escriba su lista de sueños descartando limitaciones del tipo de "falta de conocimientos", "confianza en si mismo", "falta de tiempo", etc. . .

Para facilitar el proceso puede apoyarse en las siguientes categorias típicas para el establecimiento de sueños.

Categorias típicas para el establecimiento de sueños:

- *1. -Lo que le gustaría ser.*
- *2. -Lo que le gustaría hacer o crear.*
- *3. -Lo que le gustaría tener o poseer.*
- *4. -Aquello con lo que le gustaría contribuir.*
- *5. -Los lugares a los que le gustaría viajar.*

- 1. -Lo que le gustaría ser.
- 2. -Lo que le gustaría hacer o crear.
- 3. -Lo que le gustaría tener o poseer.
- 4. -Aquello con lo que le gustaría contribuir.
- 5. -Los lugares a los que le gustaría viajar.

Si usted realiza el ejercicio con todo su interés una vez finalizado dispondrá de una lista de todas aquellas cosas realmente valiosas para usted que desea realizar a lo largo de su vida. Algunas le parecerán tontas, otras inalcanzables, . . . pero no se preocupe;vamos a continuar avanzando a lo largo del proceso de llevar esos sueños hacia la realidad.

Confeccione a continuación su propia lista de sueños.Dedique cinco minutos a cada una de las categorías anteriores, y escriba con rapidez y sin pararse a analizar ni censurar ninguno de los objetivos que se le ocurran.Pregúntese constantemente: ¿Qué desearía conseguir en mi vida si supiese que es imposible fracasar? No se detenga ahora a anotar todos los detalles de su objetivo, ya tendrá tiempo luego de hacerlo. Ahora lo importante es hacer fluir su bolígrafo con rapidez y anotar todo aquello que se le ocurra.

Cuando tenga su lista terminada, asigne a cada uno de sus sueños una fecha límite en la que habrá alcanzado ese objetivo. Anote simplemente el año en el que quiere terminar de realizar ese objetivo. Déje de leer por unos instantes y realice el ejercicio en la hoja en blanco que aparece a continuación, o en las páginas destinadas a los sueños en su planificador.

Lista de tareas diarias
Metas a c.p.
Metas a l.p.
Sueños
Valores

Sueños

LISTA DE SUEÑOS	FECHA

Lista de tareas diarias
Metas a c.p.
Metas a l.p.
Sueños
Valores

Sueños

LISTA DE SUEÑOS	FECHA

Ref. 2020

A continuación encontrará un ejemplo de la confección de esta lista.

| Lista de tareas diarias |
| Metas a c.p. |
| Metas a l.p. |
| Sueños |
| Valores |

Sueños

LISTA DE SUEÑOS	FECHA
❚ *Aprender varios idiomas*	2005
❚ *Jubilación a los 55 años*	2017
❚ *Escribir novelas*	2001
❚ *Viaje a la India*	2002
❚ *Aprender Paracaidismo deportivo*	2000
❚ *Chalet en la playa*	2004
❚ *Tener un gran acuario*	2000
❚ *Aprender a montar a caballo*	1999
❚ *Ir a ver una Olimpiada*	2004
❚ *Mercedes SLK*	2005
❚ *Comprar un equipo de autoedición*	1999
❚ *Participar en un programa de ayuda social*	1999
❚ *Hacer Rafting*	2002
❚ *Tener una biblioteca de 25.000 volúmenes*	2010
❚ *Ir a la ópera de Milán*	1999
❚ *Volar en globo*	2000
❚ *Aprender a esquiar*	1999
❚ *Comprar una lancha de recreo*	2006
❚ *Donar el 20% de mis ganancias*	2000
❚ *Viajar a la China*	2003
❚ *Crear una asociación de ayuda a los ancianos*	1999

Ref. 2020

Lista de tareas diarias
Metas a corto plazo
Metas a largo plazo
Sueños
Valores

Tercer Peldaño: Estableciendo metas a largo plazo

«A quién no sabe a qué puerto encaminarse, ningún viento le es propicio.»

Séneca

Si dejamos al azar o a la casualidad la obtención de resultados en nuestras vidas, muy posiblemente encontraremos que no conseguimos logros de importancia. Resulta vital establecer metas que nos permitan avanzar hacia nuestros sueños y objetivos más preciados. El fijar metas es comenzar a labrarse uno mismo su propio destino.

Pero, ¿Sabe cuál es la diferencia entre un sueño y una meta? Si usted coge un sueño y determina la fecha en que se va a materializar, lo convierte en una meta. Podemos decir que la meta es aquel lugar al que hay que llegar para que nuestro sueño se convierta en realidad. ¿Recuerda ese curso que compró hace algún tiempo? Llegó a casa y lo colocó en una estantería para comenzar a estudiarlo "un día de estos". Y, obviamente, está cubierto de polvo porque "un día de estos no es ninguno de estos días", no

Pero, ¿Sabe cuál es la diferencia entre un sueño y una meta? Si usted coge un sueño y determina la fecha en que se va a materializar, lo convierte en una meta. Podemos decir que la meta es aquel lugar al que hay que llegar para que nuestro sueño se convierta en realidad.

Ahora bien, para alcanzar cualquier meta que realmente merezca la pena para usted, habrá de cumplir un requisito fundamental: Expandir su zona de comodidad. ¿Y qué es la zona de comodidad? Bien, podemos decir que nuestra zona de comodidad está formada por el conjunto de todas aquellas actividades y habilidades que ya dominamos y que no nos suponen reto alguno. Así, quedan dentro de esa zona todas las tareas y actividades que forman parte de nuestra rutina diaria.

Alguién dijo en una ocasión que una buena definición de la palabra estupidez era, realizando siempre las mismas cosas, esperar resultados diferentes.

existe en el calendario y por tanto nunca llegará. Si por el contrario usted se plantea la meta de terminar el primer tema antes de final de mes, encontrará tiempo para hacerlo; pero como dice que lo hará "un día de estos", su subconsciente le responde: "Perfecto, cuando llegue "un día de estos" seguiremos el curso".

¿Cree que es posible que alguien alcance una meta verdaderamente importante por casualidad, sin planearlo? Evidentemente no. Sin planes es casi imposible alcanzar las grandes metas. Así podemos decir que un campeón olímpico no se forja de la noche a la mañana; es el resultado de multitud de metas y de un esfuerzo consistente por alcanzarlas. El primer concepto clave a la hora de establecer metas, es que cuanto más específica y medible sea su meta, antes podrá identificar y utilizar los recursos necesarios para alcanzarla.

Ahora bien, para alcanzar cualquier meta que realmente merezca la pena para usted, habrá de cumplir un requisito fundamental: Expandir su zona de comodidad. ¿Y qué es la zona de comodidad? Bien, podemos decir que nuestra zona de comodidad está formada por el conjunto de todas aquellas actividades y habilidades que ya dominamos y que no nos suponen reto alguno. Así, quedan dentro de esa zona todas las tareas y actividades que forman parte de nuestra rutina diaria. Son tareas para las que ya hemos desarrollado las habilidades necesarias para desempeñarlas con soltura. No nos retan, no nos suponen un estímulo; y por la misma razón generalmente no producen resultados de excelencia, sino que simplemente nos permiten seguir manteniendo los mismos resultados de siem-pre.

Alguién dijo en una ocasión que una buena definición de la palabra estupidez era, realizando siempre las mismas cosas, esperar resultados diferentes.

ZONA DE COMODIDAD ▶ META

Toda meta que realmente merezca la pena quedará fuera de esa zona de comodidad. Recuerde que si hay una característica que diferencia a las personas que obtienen el éxito en la vida, en cualquier área, es que están dispuestas a realizar aquello que las personas mediocres no están dispuestas a hacer. Están dispuestas a fijarse metas de excelencia, que desde luego, quedan fuera de su zona de comodidad. Pero eso es lo que les reta, estimula y motiva. La clave para conseguir metas realmente importantes podemos decir que es aprender a hacer cómodo lo que, en algunas ocasiones, resulta incómodo.

Así, por ejemplo, para un padre que nunca ha dedicado tiempo para hablar con su hijo, y que se plantea como meta el comenzar a crear una verdadera relación padre-hijo, le quedará fuera de su zona de comodidad esta meta. Pero si para él es verdaderamente importante crear esta relación, conseguirá expandir su zona de comodidad para alcanzar esta meta tan valiosa. Veamos a continuación las siete claves fundamentales para la eficaz planificación de metas.

Recuerde que si hay una característica que diferencia a las personas que obtienen el éxito en la vida, en cualquier área, es que están dispuestas a realizar aquello que las personas mediocres no están dispuestas a hacer. Están dispuestas a fijarse metas de excelencia, que desde luego, quedan fuera de su zona de comodidad. Pero eso es lo que les reta , estimula y motiva.

Siete claves para la planificación eficaz de metas.

● *1. -Básese en sus valores y sueños.*

Usted nunca luchará con todas sus fuerzas para alcanzar una meta en la que no cree. Esta es la razón por la que en muchas empresas el rendimiento de los trabajadores es bajo; sus metas no están basadas en lo que para ellos es importante y valioso. Una meta resulta eficaz y despertará en usted todos sus recursos, cuando su consecución le acerque a alcanzar sus valores y sueños más preciados.

● *2. -Defina la meta con una oración clara y potente, cuyo principio sea un verbo que exprese acción.*

Ejemplos de metas bien expresadas serían:"Crear una empresa de Consultoría", "Iniciar un plan de ahorro e inversión", "Escribir una novela", etc. . . Todas estas metas están expresadas de forma clara, comienzan con un verbo que expresa acción y tienen el poder de ponernos en movimiento hacia un objetivo.

● *3. -Formúlelas por escrito.*

Hay muchas personas que afirman que sus metas están en su cabeza. Esto es un error. Para que una meta sea eficaz ha de estar escrita y ser leida con frecuencia. Cuando no escribimos nuestras metas, dejamos que nuestra mente vaya variando nuestras metas a su antojo. Asi, por ejemplo, una persona que se ha puesto como meta dedicar cada día una hora al estudio, se encontrará que ante los primeros obstáculos, su mente irá cambiando esa meta para amoldarla a su comodidad; y acabará estudiando diez minutos diarios o dejando incluso de estudiar. Es como el novio y la novia que se pelean y él le dice a ella "Yo nunca te he dicho que te quiero", a lo que ella saca una carta en la que la final aparecía la frase "Te quiero". Estaba escrito. Y lo mismo ocurre con las metas. Para evitar las jugadas de nuestra mente, que siempre tratará de bajar nuestras metas hacia nuestra zona de comodidad, es bien importante que tengamos nuestras metas escritas.

● *4. -Establezca el plazo para lograrlas.*

Una meta sin fecha de consecución, no es una meta. Las metas van inevitablemente ligadas a una fecha. Ya deciamos antes que "un día de estos no es ninguno de estos días". El poner una fecha facilita tremendamente el trabajo, ya que nos plantea el reto de conseguirlo para ese momento y no dejarlo para más tarde.

● *5. -Crea en usted mismo.*

Cuantas metas en el mundo no se han ni siquiera intentado por falta de confianza en uno mismo. Muchas personas ni siquiera se plantean metas por temor a no alcanzarlas. Pero la verdadera derrota no es morir con metas incumplidas, sino no tener metas que alcanzar. Resulta imprescindible una sana confianza en uno mismo para afrontar metas importantes. Crea en sus potencialidades y descubrirá que puede alcanzar metas mucho más ambiciosas de lo que en principio presuponía.

● *6. -Sea "realista".*

Esto no quiere decir que limite sus ambiciones, sino que se enfrente a sus metas con un cierto "realismo". Es evidente que si usted tiene un exceso de peso de 30 kilos no puede plantearse como meta librarse de ellos en tan solo una semana. Pero dejando aparte estas metas utópicas, atrévase a retarse a sí mismo para alcanzar grandes metas.

● *7. -Hay que sacrificar para lograr.*

Ninguna meta realmente importante se consigue sin un esfuerzo consistente. El esfuerzo es el ingrediente necesario para materializar las metas.

Vistas estas siete claves de la eficacia en la planificación de metas, veamos como trasladar a la práctica estos conceptos. Imaginemos que decidimos comenzar a trabajar en uno de nuestros sueños que hemos enumerado anteriormente, por ejemplo, "Crear una asociación de ayuda a los ancianos". Establecer las metas a largo plazo significa responder a la pregunta:

■   ¿Cuáles son los grandes pasos que he de dar para conseguir que este sueño se convierta en realidad?

La respuesta para este ejemplo podría ser:

▌ Recoger información de los requisitos y trámites necesarios.
▌ Crear un equipo de personas comprometidas con la causa.
▌ Instalar una sede social.
▌ Afianzar financieramente el proyecto.

Con esto hemos conseguido delimitar cuatro grandes metas, o áreas de trabajo, en las que tendremos que enfocarnos para que nuestro objetivo de lograr crear la asociación se cumpla. El siguiente paso será asignar una fecha límite en la que cada una de estas metas estarán realizadas; este es un paso fundamental ya que sin un plazo de realización, las tareas se expanden indefinidamente sin realizarse. Esta fecha, en ocasiones requiere ser modificada durante la realización del proyecto, pero aún asi, nos será de gran utilidad el disponer de una referencia temporal inicial.

Veámos a continuación unos ejemplos. Leálos, y vuelva a la lista de sueños que elaboró en el apartado anterior. Seleccione un sueño dentro de cada categoría; aquel que más desee realizar y que le aporte la mayor motivación. A continuación,en las hojas de metas a largo plazo de su planificador, desglose cada uno de esos sueños en los grandes pasos que tendrá que dar para convertirlos en realidad, de forma similar a como leerá en los ejemplos siguientes. Cuando haya leido los ejemplos, deje de leer por unos instantes y realice ahora está tarea. Su vida no va a cambiar sólo por leer, lo fundamental es tomar acción.

Lista de tareas diarias		**Metas**
Metas a c.p.		**a largo plazo**
Metas a l.p.		
Sueños		
Valores		

VALOR: _Soy solidario_

SUEÑO: _Crear una asociación de ayuda a los ancianos_

Prioridad	META A LARGO PLAZO	FECHA
1	Recoger información de los requisitos y trámites necesarios.	1-09-1999
2	Crear un equipo de personas comprometidas con la causa.	1-1-2000
3	Instalar una sede social.	1-1-2003
4	Afianzar financieramente el proyecto.	1-1-2006
5	Estar prestando ayuda a 100 ancianos en el centro.	1-06-2010

```
┌─────────────────────────────────────────┐
│  ┌──────────────────────┐                │
│  │ Lista de tareas diarias │   Metas      │
│  │  Metas a c.p.         │   a largo plazo│
│  │  Metas a l.p.         │               │
│  │    Sueños             │               │
│  │    Valores            │               │
│  └──────────────────────┘                │
└─────────────────────────────────────────┘
```

VALOR: _Me desarrollo intelectualmente_

SUEÑO: _Aprender varios idiomas_

Prioridad	META A LARGO PLAZO	FECHA
1	Establecer un programa de estudio y selección de los idiomas.	1-04-1999
2	Programar estancias en los países nativos para perfeccionar el idioma.	1-06-2000
3	Obtener los certificados oficiales de cada idioma.	1-06-2006
4	Hablar con fluidez dos idiomas.	1-1-2009

Como puede apreciarse, en esta fase no hemos profundizado en cada una de estas metas. Será con el próximo paso, al definir las metas a corto plazo, cuando desglosemos cada una de estas grandes metas, en pasos más concretos y accesibles. Veamos como hacerlo.

Lista de tareas
diarias

Metas a corto plazo

Metas a largo plazo

Sueños

Valores

Cuarto Peldaño: Estableciendo metas a corto plazo

«La mente es una mecanismo que trabaja hacia una meta.»

Maxwell Maltz

Durante la definición de las metas a corto plazo es cuando se comienza a ver que realmente es posible alcanzar esos sueños que hemos definido. Es un paso fundamental, ya que es el nexo que une lo imaginado con la realidad, haciendo que nos parezca posible lo que en ocasiones veíamos solo como imposibles.

Para definir eficazmente metas a corto plazo, hemos de coger cada una de las metas a largo plazo que hemos definido anteriormente, y realizarnos la siguiente pregunta:

- ● ¿Qué tareas he de realizar si quiero que esta meta se convierta en realidad?

Para definir eficazmente metas a corto plazo, hemos de coger cada una de las metas a largo plazo que hemos definido anteriormente, y realizarnos la siguiente pregunta:

● ¿Qué tareas he de realizar si quiero que esta meta se convierta en realidad?

Así, del ejemplo anterior podemos coger la meta a largo plazo "Crear un equipo de personas compro-

metidas con la causa de la asociación" y comenzar a
desglosarla preguntándonos: ¿Qué tareas he de
realizar si quiero crear ese equipo de personas? Las
respuestas a esta pregunta nos dará una buena lista
de metas a corto plazo en las que ponernos a
trabajar, del tipo de:

▐ Elaborar una lista de posibles candidatos.
▐ Preparar un programa de reuniones.
▐ Decidir las necesidades y el tipo de personal.
▐ Establecer un plan de formación.
▐ Fijar objetivos de trabajo para el equipo.
▐ etc. . . . . .

Hemos conseguido desglosar ese gran paso, que
habíamos definido, en otros más asequibles, con un
plazo de realización menor. También a estas metas
debemos asignarle una fecha de realización si
queremos que de verdad sean operativas y nos
impulsen hacia la acción.

Veamos a continuación algunos ejemplos. Léalos y
pase a continuación a desarrollar sus propias metas
a corto plazo en las hojas de su planificador.

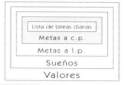

VALOR: _____ *Soy solidario*

SUEÑO: _____ *Crear una asociación de ayuda a los ancianos*

META A LARGO PLAZO

Crear un equipo de personas comprometidas con la causa

Prioridad	**META A CORTO PLAZO**	FECHA
2	*Elaborar una lista de posibles candidatos.*	*30-09-1998*
1	*Definir las necesidades y el tipo de personal necesario.*	*1-09-1998*
3	*Preparar un programa de reuniones.*	*30-10-1998*
4	*Establecer un plan de formación.*	*1-03-1999*
5	*Fijar los objetivos de trabajo para el equipo.*	*1-05-1999*
6	*Crear un programa de captación de nuevos colaboradores.*	*30-11-1999*

Ref. 2040

Lista de tareas diarias		**Metas**
Metas a c.p.		**a corto plazo**
Metas a l.p.		
Sueños		
Valores		

VALOR: _____ *Me desarrollo intelectualmente*

SUEÑO: _____ *Aprender varios idiomas*

META A LARGO PLAZO

Programar estancias en los paises nativos para perfeccionar el idioma

Prioridad	META A CORTO PLAZO	FECHA
3	*Seleccionar el viaje a realizar*	*30-04-1999*
1	*Contactar con agencias especializadas y pedir presupuestos*	*1-03-1999*
2	*Plan de ahorro para financiar el viaje*	*30-04-1999*
4	*Conseguir documentación de los paises a visitar*	*1-06-1999*
5	*Crear itinerarios de visitas*	*30-06-1999*

Con esto, estamos preparados para afrontar el paso definitivo:
la **«planificación del día a día»**.

Lista de tareas diarias

Metas a corto plazo

Metas a largo plazo

Sueños

Valores

Quinto Peldaño: La planificación del día a día

«Bienaventurados los que saben donde van, porque son los únicos que sabrán cuando han llegado.»

Anónimo

Como habrá podido comprobar sus valores, sueños y metas abarcan el conjunto completo de su vida, y no sólo el ámbito profesional. Por ello, es de vital importancia definir cuales son todas las áreas de nuestra vida que requieren nuestra atención. Todos tenemos roles importantes en la familia, en el trabajo, en la comunidad o en otras áreas de la vida.

Gran parte de los sinsabores y de las insatisfacciones que experimentamos vienen dadas porque tenemos éxito en un área a expensas de otra, tal vez más importante. Determinar claramente nuestros roles o facetas más importantes en nuestra vida crea orden y equilibrio a la hora de planificar.

Gran parte de los sinsabores y de las insatisfacciones que experimentamos vienen dadas porque tenemos éxito en un área a expensas de otra, tal vez más importante. Determinar claramente nuestros roles o facetas más importantes en nuestra vida crea orden y equilibrio a la hora de planificar.

Debemos comenzar por enumerarlos para tomar conciencia de cuáles son esas áreas a las cuales debemos prestar atención cuando planifiquemos. En el área familia puede definir roles como "padre" y "esposo" o como "miembro de la familia", o como "hija y "hermana". En el área profesional puede tener varios roles como "Dirección comercial", "Administración", . . .

Es de vital importancia mantener un rol que refleje el desarrollo personal. Una faceta que siempre hay que contemplar es la "Carga de Baterias".

A menudo estamos tan ocupados tratando de producir resultados que nos olvidamos de "Cargar las Baterias". (Es decir, de mantener nuestra capacidad para producir en el futuro). Aquí entrarían actividades del tipo de ejercicios diarios, lectura personal, periodos de descanso, etc. . .

A menudo estamos tan ocupados tratando de producir resultados que nos olvidamos de "Cargar las Baterias". (Es decir, de mantener nuestra capacidad para producir en el futuro). Aquí entrarían actividades del tipo de ejercicios diarios, lectura personal, periodos de descanso, etc. . .

Todas estas facetas que componen nuestra vida no son partes aisladas, sino que juntas y relacionadas forman un todo que nos brinda una vida plena y feliz.

Es conveniente, para no restar eficacia, no definir más de 10 áreas de actividad. Tómese a continuación unos minutos para escribir su propia lista. Con ella van a quedar definidas todas aquellas áreas de su vida a las que usted desea prestar atención.

MI LISTA DE ROLES

ROL 1 ——————— ROL 6 ———————

ROL 2 ——————— ROL 7 ———————

ROL 3 ——————— ROL 8 ———————

ROL 4 ——————— ROL 9 ———————

ROL 5 ——————— ROL 10 ———————

Los 30 minutos esenciales de su semana.

Para que la planificación diaria sea eficaz, ha de estar precedida por un pequeño tiempo de reflexión y establecimiento de metas al final de la semana precedente, tal y como veremos a continuación.

Si usted desea que sus días le aporten realmente la sensación de que está avanzando hacia sus objetivos, el programa de los 30 minutos esenciales de la semana le será de una ayuda inapreciable.

Si usted desea que sus días le aporten realmente la sensación de que está avanzando hacia sus objetivos, el programa de los 30 minutos esenciales de la semana le será de una ayuda inapreciable.

Para llevarlo a cabo, todo lo que tendrá que hacer es buscar un lugar tranquilo donde nadie le moleste por 30 minutos antes de comenzar su próxima semana. Abraham Lincoln dijo en una ocasión "Si tuviese ocho horas para talar un árbol, dedicaría seis para afilar el hacha". Este es precisamente el concepto en el que se basa el programa de los 30 minutos; dedicar un tiempo de calidad para planificar los objetivos más importantes para la próxima semana. Esto nos ayuda a crear un clima de enfoque y nos permite distinguir aquellas tareas realmente importantes y que suponen una gran diferencia positiva, de aquellas tareas que "parecen" importantes pero que en realidad no contribuyen en absoluto a que alcancemos nuestros objetivos. Estos son los sencillos pasos en los que se basa este programa.

● Número 1. -Con el objetivo de enfocar correctamente su atención en aquello que es más importante para usted, comience por repasar su escala de la productividad. Es imprescindible tener una visión que arranque de sus valores, pase por sus sueños y llegue a sus metas y plan de acción. Para ello, platéese y reflexione sobre las siguientes preguntas:

■ ¿Qué es lo más importante en mi vida?

■ ¿Reflejan mis valores y sueños mis
motivaciones más profundas?

■ ¿Las metas que me he trazado, me retan y
me impulsan a la acción?

■ ¿Cuáles son las relaciones más importantes
en mi vida que debo cuidar?

Estos son los sencillos pasos en los que se basa este programa.

● Número 1. -Con el objetivo de enfocar correctamente su atención en aquello que es más importante para usted, comience por repasar su escala de la productividad.

● Número 2. -Plantear para cada uno de los roles que ha enumerado anteriormente metas semanales.

● Número 3. -Trasladar esas metas que hemos establecido para cada rol a nuestro planificador a lo largo de la semana.

● Número 4. -Hacer una evaluación de lo conseguido en la semana anterior.

● Número 2. -Plantear para cada uno de los roles
que ha enumerado anteriormente metas semanales.
Se trata simplemente de plantearse para cada rol la
pregunta:

■ ¿Qué es lo más importante que podría hacer
en este rol esta semana para lograr el mayor
impacto positivo?

Así, por ejemplo, si uno de los roles que usted ha
definido es el de "esposo", plantéese la pregunta:
*¿Qué es lo más importante que puedo hacer durante
esta semana para mejorar mi relación con mi
esposa?*

Si otro de sus roles es el de Gerente de su negocio,
pregúntese: *¿Qué es lo más importante que puedo
hacer durante esta semana como gerente que
redundará en un resultado positivo para mi empresa?*

Estas preguntas logran llamar la atención sobre
aquellas metas que realmente una vez alcanzadas
van a marcar una tremenda diferencia ya que afectan
a tareas realmente importantes. Nos permiten
mantener el enfoque sobre lo importante.

● Número 3. -Trasladar esas metas que hemos
establecido para cada rol a nuestro planificador a lo
largo de la semana.

Es de vital importancia fijar siempre que sea posible momentos específicos de tiempo para dedicarse a esas metas, y que encare esa cita con usted mismo igual que lo haría con la persona a la que más respete.

Sin embargo, existirán otras metas que no requieren un momento determinado, sino que dependen de cuando la oportunidad se presente. Así por ejemplo, dentro del rol de padre, una meta puede ser el mejorar la relación con los hijos; y su cumplimiento dependerá de cuando se presente la ocasión para compartir tiempo con ellos.

● Número 4. -Hacer una evaluación de lo conseguido en la semana anterior. Es decir, verificar si realmente hemos trabajado por cumplir las metas que nos pusimos en nuestro periodo de 30 minutos de planificación semanal anterior. Para realizar esta verificación podemos formularnos las siguientes preguntas:

■ ¿He mantenido lo importante en primer lugar?
■ ¿Qué metas he logrado?
■ ¿Qué he aprendido en el proceso?
■ ¿Con qué retos me enfrenté y cómo logré superarlos?

Estos cuatro pasos le permitirán clarificar tremendamente el horizonte de su planificación, ayudándole a poner siempre en primer lugar las tareas importantes.

Pero recuerde siempre que la vida no es el reflejo de una página bien planificada. Ignorar todo lo inesperado supondría vivir sin la maravillosa espontaneidad de los hermosos momentos con que la vida está hecha. No se trata de crear un patrón rígido, sino unas directrices que nos marquen el rumbo y nos

Es de vital importancia fijar siempre que sea posible momentos específicos de tiempo para dedicarse a esas metas, y que encare esa cita con usted mismo igual que lo haría con la persona a la que más respete.

No se trata de crear un patrón rígido, sino unas directrices que nos marquen el rumbo y nos ayuden a centrarnos en lo que es realmente importante día tras día.

ayuden a centrarnos en lo que es realmente importante día tras día.

Entremos pues una vez visto en que consiste ese periodo de 30 minutos de planificación al final de cada semana, en lo que verdaderamente es la planificación del día a día.

La planificación diaria

Para optimizar el sistema de planificación VS hemos de tener presentes tres claves:

● *Llevar siempre el planificador consigo.*

● *Utilizar un planificador unicamente.*

● *Eliminar papelitos.*

El planificador VS es una herramienta de planificación verdaderamente potente. Para optimizar el sistema de planificación VS hemos de tener presentes tres claves:

● Llevar siempre el planificador consigo;ya que si no está con usted, difícilmente podrá realizar su función.

● Utilizar un planificador únicamente. Existen personas que llevan una agenda personal y otra laboral. Esto no es operativo tal y como explicaremos a continuación.

● Eliminar papelitos. Todo aquello que usted deba anotar puede hacerlo en su planificador si siempre lo lleva consigo, eliminando de este modo problemas por extravío. Además, evitará el riesgo de que esas anotaciones que ha realizado acaben en la lavadora dentro del bolsillo de su camisa o su pantalón, perdiendo de ese modo una información que puede ser importante.

El sistema de planificación diaria VS está basado en asignar un orden de prioridad e importancia a las tareas.

¿Qué significa establecer un orden de prioridad?
Simplemente identificar la importancia y orden de
cada acontecimiento.

Para hacerlo nos basaremos en el sistema ABC para
clasificar las tareas a realizar.

*¿Qué significa
establecer un orden de
prioridad?* Simplemente
*identificar la
importancia y orden de
cada acontecimiento.*

● Las tareas A son aquellas que tienen para
nosotros una absoluta prioridad. Son tareas vitales y
deben ser hechas hoy.

● Las tareas B tienen una importancia media. Son
importantes y deberían ser hechas hoy.

C

● Las tareas C son triviales, y hemos de realizarlas
cuando sea conveniente, es decir, son opcionales
para hoy. Las realizaremos unicamente si hemos
completado las tareas A y B en primer lugar.

Veámos a continuación el aspecto que presentan las
páginas de cualquier día del año en el planificador y
qué podemos encontrar en ellas:

El planificador VS

En cada uno de los días del año encontramos dos páginas.

Símbolos para manejar las tareas diarias

El apartado «Lista de Tareas» le servirá para escribir toda la lista de tareas para ese día y ordenarlas por importancia y prioridad

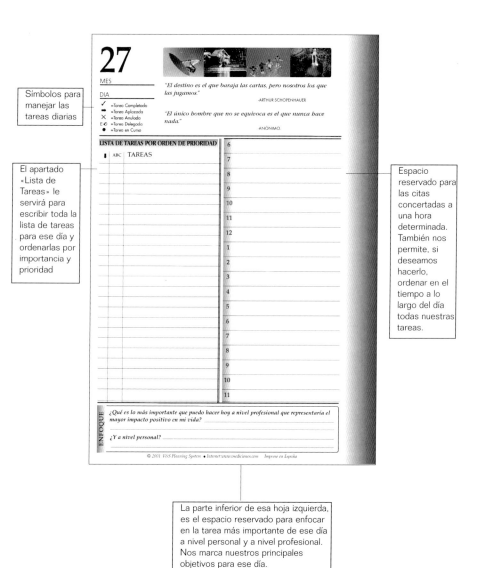

27

MES

DIA

✓ = Tarea Completada
➡ = Tarea Aplazada
✗ = Tarea Anulada
E ⟳ = Tarea Delegada
● = Tarea en Curso

"El destino es el que baraja las cartas, pero nosotros los que las jugamos."

-ARTHUR SCHOPENHAUER

"El único hombre que no se equivoca es el que nunca hace nada."

-ANÓNIMO.

LISTA DE TAREAS POR ORDEN DE PRIORIDAD

❚ ABC | TAREAS

6
7
8
9
10
11
12
1
2
3
4
5
6
7
8
9
10
11

ENFOQUE

¿Qué es lo más importante que puedo hacer hoy a nivel profesional que representaría el mayor impacto positivo en mi vida? _____

¿Y a nivel personal? _____

© 2001 V&S Planning System • Internet www.vsediciones.com   Impreso en España

Espacio reservado para las citas concertadas a una hora determinada. También nos permite, si deseamos hacerlo, ordenar en el tiempo a lo largo del día todas nuestras tareas.

La parte inferior de esa hoja izquierda, es el espacio reservado para enfocar en la tarea más importante de ese día a nivel personal y a nivel profesional. Nos marca nuestros principales objetivos para ese día.

La página de la derecha del planificador es la que marca la diferencia en el planificador VS. Es una página que sustituye a todos los papeles con notas, y la podemos utilizar entre otras muchas cosas para anotar partes importantes de nuestras conversaciones, tomar notas, plasmar pensamientos e ideas, anotar compromisos, llevar un diario, etc. . .

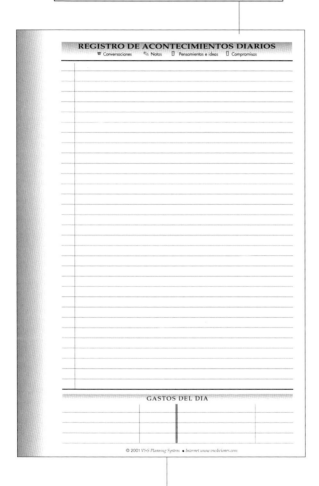

En la parte inferior, aparece un cuadro titulado "Gastos del día" en el que podemos ir anotando los gastos en los que vamos incurriendo durante la jornada para así llevar un control de nuestras finanzas.

Visto esto, el primer paso de la planificación diaria es la creación de una lista de tareas diarias con orden de prioridad. Para hacerla necesitaremos:

● Número 1. -Confeccionar una lista de todo lo que deseamos realizar ese día.

● Número 2. -Una vez realizada la lista, otorgar un valor de importancia a cada elemento de la lista. Hecho esto, nos encontraremos con que hay tareas de tipo A, de tipo B y de tipo C.

● Número 3. -Dentro de cada categoría A, B o C, asignar un orden de realización a cada tarea. Así pues tendremos A1, A2, A3, ... B1, B2, B3. . . . . C1, C2, ... etc. . .

Por otra parte, tendremos posiblemente programadas para el día de hoy algunas citas a unas horas determinadas, que estarán anotadas en el apartado correspondiente. En ellas aparecerá anotada la cita al lado de la hora inicial, añadiendo los minutos si fuera necesario por no ser a una hora en punto, y marcando una flecha hasta la hora de finalización de dicha tarea. Esto nos indicará que todo ese periodo de tiempo que marca la flecha lo tenemos ocupado en esa tarea determinada. Repáselas para observar si ha de hacer algún preparativo o alguna tarea previa a la cita que tiene concertada.

A continuación, marque en su planificador una cita con usted mismo. Usted obviamente elegirá la hora que más se amolde a su horario de actividades. El objetivo de esa cita con usted mismo, que nunca será inferior a una hora, es el dedicar ese espacio de tiempo sin interrupciónes ni molestias a trabajar y enfocarse en sus tareas verdaderamente importantes. Es lo que llamamos la **hora mágica** porque como usted mismo comprobará, si dedica esa hora a trabajar sobre aquellos temas verdaderamente importantes notará una tremenda diferencia positiva en su desempeño. Este es uno de los denominadores comunes de todas las personas de éxito. Siempre dedican parte de su tiempo a concentrarse y a trabajar en sus tareas verdaderamente importantes que marcan una diferencia tremendamente positiva en su desempeño. El concepto de la hora mágica, si usted lo aplica consistentemente en su vida, le generará grandes dividendos en forma de resultados.

Veámos a continuación un ejemplo práctico de como se trabajaría con el planificador.

Imaginemos que la página izquierda de nuestro planificador presenta el siguiente aspecto una vez que hemos creado la lista de tareas para el día de hoy. Es importante que observe que en la parte inferior hemos resaltado nuestra tarea más importante del día a nivel profesional y la más importante a nivel profesional. Eso nos ayuda a crear enfoque en lo importante.

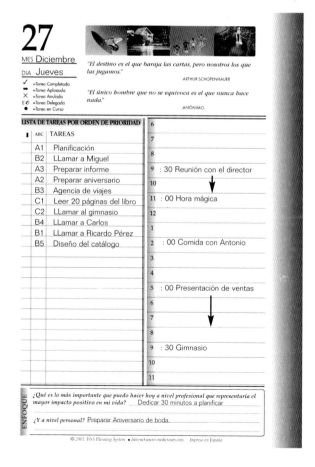

27

MES Diciembre
DIA Jueves

✓ =Tarea Completada
━ =Tarea Aplazada
X =Tarea Anulada
E Ø =Tarea Delegada
● =Tarea en Curso

"El destino es el que baraja las cartas, pero nosotros los que las jugamos."
— ARTHUR SCHOPENHAUER

"El único hombre que no se equivoca es el que nunca hace nada."
— ANÓNIMO.

LISTA DE TAREAS POR ORDEN DE PRIORIDAD

❚	ABC	TAREAS
	A1	Planificación
	B2	LLamar a Miguel
	A3	Preparar informe
	A2	Preparar aniversario
	B3	Agencia de viajes
	C1	Leer 20 páginas del libro
	C2	LLamar al gimnasio
	B4	LLamar a Carlos
	B1	LLamar a Ricardo Pérez
	B5	Diseño del catálogo

6
7
8
9 : 30 Reunión con el director
10
11 : 00 Hora mágica
12
1
2 : 00 Comida con Antonio
3
4
5 : 00 Presentación de ventas
6
7
8
9 : 30 Gimnasio
10
11

ENFOQUE

¿Qué es lo más importante que puedo hacer hoy a nivel profesional que representaría el mayor impacto positivo en mi vida? ___Dedicar 30 minutos a planificar

¿Y a nivel personal? Preparar Aniversario de boda.

© 2001 VésS Planning System ● Internet:www.evediciones.com Impreso en España

Comenzaremos la jornada con el enfoque claro de que si hay algunas tareas que hemos de realizar ese día por encima de todo, esas son las tareas que hemos marcado con una A. ¿Porqué? Porque son aquellas que su realización más nos acerca al cumplimiento de nuestros objetivos y metas.

Comenzaremos la jornada con el enfoque claro de que si hay algunas tareas que hemos de realizar ese día por encima de todo, esas son las tareas que hemos marcado con una A. ¿Porqué? Porque son aquellas que su realización más nos acerca al cumplimiento de nuestros objetivos y metas. Y en definitiva, acercarse a las metas supone a largo plazo alcanzar un mayor desarrollo de nuestros valores. Por esta razón, cuando uno se centra en realizar primero las tareas realmente importantes, no existe el sentimiento de frustación cuando nos han quedado tareas sin realizar, porque posiblemente esas tareas que quedaron sin terminar eran tareas de muchísima menor importancia que las que hemos realizado.

 TAREA COMPLETADA

Así pués, cogeremos nuestra primera tarea marcada con una A: Planificación. La tarea de planificación diaria es una tarea que es recomendable desarrollar o bien a última hora de la noche anterior o a primera hora de la mañana cada día. Imaginemos que lo hacemos a primera hora de la mañana y que la completamos. El paso siguiente es marcar en la columna de los símbolos para manejar tareas, el símbolo de "Tarea completada", y automáticamente ya nos olvidamos de ella. Ya está realizado. Usted comprobará que el símbolo de "Tarea completada" es un símbolo positivo, que nos encanta plasmar sobre el papel, y que nos comunica la sensación de "lo hice", "lo logré".

LISTA DE TAREAS POR ORDEN DE PRIORIDAD			6
↓	ABC	TAREAS	7
✓	A1	Planificación	8
	B2	LLamar a Miguel	8
	A3	Preparar informe	9
	A2	Preparar aniversario	10
	B3	Agencia de viajes	10
	C1	Leer 20 páginas del libro	11
	C2	LLamar al gimnasio	12
	B4	LLamar a Carlos	12
	B1	LLamar a Ricardo Pérez	1
	B5	Diseño del catálogo	2

A continuación, imaginemos que son las nueve de la mañana, y que la cita con nosotros mismos la hemos puesto desde las 11 hasta las 12. Como hemos visto anteriormente, en esa cita con nosotros mismos nos vamos a dedicar a abordar aquellos temas de máxima importancia, que hemos clasificado con una letra A. En este ejemplo, hemos realizado una tarea A (Planificación) antes de que llegue la cita con nosotros mismos, pero ha sido porque esta actividad requiere que se haga a primera hora de la mañana.

Asi pués, dejaremos para las 11 las dos actividades de tipo A que nos restan, preparar aniversario y preparar el informe. Mientras tanto, seguiremos trabajando en nuestra lista de tareas por la siguiente. En nuestro ejemplo es la tarea B1:»LLamar a Ricardo Pérez». Hacemos la llamada, y mientras conversamos con él, es cuando entra en juego la página de la derecha de nuestro planificador. Allí es donde anotaremos todo lo que pensemos que es necesario recordar de esta conversación. Para ello anotaremos un 1 en la columna de la izquierda para que nos indique que es la primera anotación que hacemos en el día de hoy, y a continuación anotaremos "Llamada Ricardo Pérez", anotando debajo los datos de la conversación, tal y como aparece en el siguiente gráfico.

REGISTRO DE ACONTECIMIENTOS DIARIOS

☎ Conversaciones   ✎ Notas   ▯ Pensamientos e ideas   ▯ Compromisos

1	LLamada Ricardo Pérez
	● Reunión el día 27 de enero en su oficina
	c/Diagonal, 43
	3 calles al sur de la plaza del congreso
	● Debe venir a la reunión María Sanchez y
	he de llevar las condiciones de venta.

Hemos realizado una anotación en la página de la derecha del planificador, que no va a perderse, que será facilmente localizable y que nos evita tener montones de papelitos por todas partes.

Marcaremos con el símbolo de "Tarea completada " «llamar a Ricardo Pérez» en nuestra lista, y a continuación el siguiente paso es ir al día 27 de enero en nuestro planificador para anotar simplemente Ricardo Pérez y entre paréntesis la fecha de hoy que nos indicará que los comentarios y la información sobre esa reunión están anotados y los podremos encontrar en la página de la derecha del día de hoy.

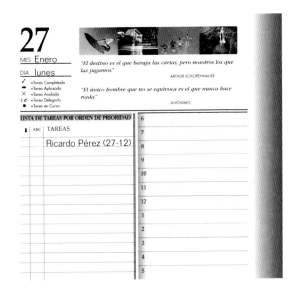

¿Para qué sirven estos paréntesis con fechas al lado de las tareas? Muy sencillo. Imaginemos que hoy es día 27 de diciembre, y en el día 27 de enero hemos anotado como Tarea "Ricardo Pérez» y entre paréntesis «(27-12)». Si no hubiésemos realizado esta anotación al llegar el día 27 de enero:

▌ posiblemente hallamos olvidado la cita con Ricardo Pérez.

■ Si no la hemos olvidado, posiblemente lo que si hayamos olvidado es dónde era la reunión y qué teníamos que llevar.

■ Si no la hemos olvidado, y tampoco hemos olvidado lo que hemos de llevar allí, habrá sido a costa de recordar constantemente en nuestra mente que no se nos olvide la cita del día 27.

Con el planificador ¿Qué hemos conseguido? Desde el día 27 de diciembre que hicimos la anotación nos hemos olvidado de Ricardo Pérez. ¿Cuándo volveremos a acordarnos? Muy sencillo, el día 27 de enero a primera hora de la mañana o el día 26 por la noche según nuestros hábitos de planificación. Allí nos aparecerá en la lista de tareas diarias la anotación "Ricardo Pérez» y entre paréntesis (27-12). Posiblemente después de tantos días ya no recordemos ni siquiera a que se refiere esa anotación, pero el paréntesis con la fecha (27-12) nos remite al día 27 de diciembre, y allí, en la página de la derecha de ese día encontraremos la información que necesitamos completa. Esta es la magia del planificador, podemos rescatar información y disponer de ella con facilidad justo en el momento que necesitamos. Rápidamente y sin tener que realizar búsquedas inútiles.

 TAREA APLAZADA

A continuación seguiremos con la tarea B2, que era "Llamar a Miguel". Realizamos la llamada y su secretaria nos informa de que Miguel está de viaje por Italia y que no regresará hasta el jueves próximo. Inmediatamente haremos una anotación en la lista de tareas diarias del jueves proximo que diga "Llamar a Miguel", y una vez realizada esta anotación, en la lista de tareas del día de hoy pondremos delante de esta tarea el símbolo de «Tarea aplazada», es decir, una flecha. Pero atención, ponemos la flecha de tarea aplazada solo cuando ya hemos anotado en un día futuro la tarea que hemos tenido que aplazar. Esto ha de hacerse de este modo para evitar olvidar el traspasar una tarea a una fecha futura.

LISTA DE TAREAS POR ORDEN DE PRIORIDAD			6
!	ABC	TAREAS	7
✓	A1	Planificación	
➡	B2	LLamar a Miguel	8
	A3	Preparar informe	9
	A2	Preparar aniversario	10
	B3	Agencia de viajes	
	C1	Leer 20 páginas del libro	11
	C2	LLamar al gimnasio	12
	B4	LLamar a Carlos	
✓	B1	LLamar a Ricardo Pérez	1
	B5	Diseño del catálogo	2

Seguimos adelante y llegamos a nuestra tarea B3: "Llamar a la Agencia de Viajes". Realizamos la llamada porque queremos informarnos del horario de unos vuelos a Venecia. ¿Dónde anotaremos esa información? Aquí otra vez entra en juego la página de la derecha del planificador. Anotaremos un 2, que nos indica que es la segunda anotación del día, y a continuación "Vuelos a Venecia". Debajo anotaremos los diferentes vuelos y precios. La información otra vez queda registrada y no se perderá. Accederemos facilmente a ella siempre que la necesitemos.

REGISTRO DE ACONTECIMIENTOS DIARIOS
☎ Conversaciones   ✎ Notas   ⬚ Pensamientos e ideas   ⬚ Compromisos

1 LLamada Ricardo Pérez
   ● Reunión el día 27 de enero en su oficina
     c/Diagonal, 43
     3 calles al sur de la plaza del congreso
   ● Debe venir a la reunión María Sanchez y
     he de llevar las condiciones de venta.

2 Vuelos a Venecia
   ▮ Vuelo N°3433 hora de salida 14:30
   ▮ Vuelo N°5560 hora de salida 18:20

Hemos llegado a las 11, y eso significa, que tal y como habiamos planificado comienza nuestra cita con nosotros mismos. Nuestra hora mágica.

En este periódo, durante el cual debemos evitar a toda costa interrupciones y molestias, vamos a centrarnos en aquellas tareas que para nosotros tienen la máxima prioridad: nuestras tareas A. En nuestro ejemplo esas tareas eran preparar el aniversario y Preparar el Informe.

Tenemos una hora por delante en la que vamos a evitar que se produzcan interrupciones y vamos a enfocar todas nuestras energías en completar nuestras tareas más importantes.

Comenzaremos con la preparación de nuestro aniversario, y una vez realizada esta tarea continuaremos con la preparación del informe. Si realmente implementamos el concepto de dedicar un corto espacio de tiempo diariamente a nuestras tareas más importantes, pronto nos daremos cuenta de que nuestra productividad aumenta increiblemente. Durante esa hora mágica, si conseguimos realmente enfocarnos en aquellas tareas que tienen la más alta prioridad, estaremos allanando el camino hacia el logro de nuestros más preciados objetivos.

A continuación seguiremos trabajando en nuestra lista de tareas, intentando guardar en lo posible el orden de importancia.

TAREA DELEGADA

Imaginemos que una de las tareas, por ejemplo "Llamar a Carlos", decidimos delegarla en nuestro compañero Antonio. Para controlar la realización de esta tarea le pondremos delante del símbolo de tarea delegada la inicial «A» de Antonio. Este símbolo nos recordará que hemos delegado la tarea y que es Antonio la persona que la va a desarrollar. Una vez que Antonio nos comunique que ha realizado la llamada, simplemente colocaremos el símbolo de tarea realizada sobre el simbolo de tarea delegada.

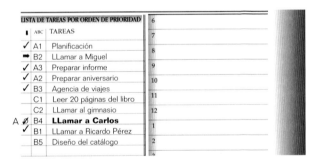

TAREA EN CURSO

Otro símbolo que utilizaremos con frecuencia al manejar tareas es el punto de "Tarea en curso", que nos indica que hemos comenzado una tarea pero que todavía no la hemos concluido. Imaginemos que llamamos al gimnasio, que era una de nuestras tareas para hoy, pero la persona con la que queríamos hablar no se encontraba allí en ese momento. Pondremos un punto delante de esa tarea, que nos recordará que dentro de un rato tendremos que continuar con esa tarea que no hemos podido completar. Los puntos, que son un símbolo que destacan mucho sobre el papel, nos recordarán aquellas tareas que todavía no hemos podido completar.

LISTA DE TAREAS POR ORDEN DE PRIORIDAD				6
!	ABC	TAREAS		7
✓	A1	Planificación		8
➡	B2	LLamar a Miguel		
✓	A3	Preparar informe		9
✓	A2	Preparar aniversario		10
✓	B3	Agencia de viajes		
	C1	Leer 20 páginas del libro		11
●	C2	**LLamar al gimnasio**		12
A ⌀	B4	LLamar a Carlos		1
✓	B1	LLamar a Ricardo Pérez		
	B5	Diseño del catálogo		2

 TAREA ANULADA

El quinto y último de los símbolos que utilizaremos para manejar tareas es el de un aspa que nos indica «Tarea anulada», y lo utilizaremos cuando una tarea que tenemos anotada por algún motivo se suprima o ya no tengamos que desarrollarla.

LISTA DE TAREAS POR ORDEN DE PRIORIDAD				6
!	ABC	TAREAS		7
✓	A1	Planificación		8
➡	B2	LLamar a Miguel		
✓	A3	Preparar informe		9
✓	A2	Preparar aniversario		10
✓	B3	Agencia de viajes		
✗	C1	Leer 20 páginas del libro		11
●	C2	LLamar al gimnasio		12
A ⌀	B4	LLamar a Carlos		1
✓	B1	LLamar a Ricardo Pérez		
	B5	Diseño del catálogo		2

Es muy importante remarcar el papel de la página de la derecha del planificador. A lo largo de todo el día habremos ido haciendo todas las anotaciones necesarias en esa página prescindiendo de papelitos y otros elementos recordatorios. De este modo, al finalizar la jornada tendremos un registro sistemático de toda aquella información importante, resúmenes de conversaciones, notas, ideas y cualquier anotación que creamos oportuno incluir en el planificador.

REGISTRO DE ACONTECIMIENTOS DIARIOS

✆ Conversaciones   ✎ Notas   ☐ Pensamientos e ideas   ☐ Compromisos

1 LLamada Ricardo Pérez
- ● Reunión el día 27 de enero en su oficina c/Diagonal, 43
  3 calles al sur de la plaza del congreso
- ● Debe venir a la reunión María Sanchez y he de llevar las condiciones de venta.

2 Vuelos a Venecia
- ❙ Vuelo Nº3433 hora de salida 14:30
- ❙ Vuelo Nº5560 hora de salida 18:20

3 Presupuesto catálogo
- ● Tirada de 10. 000 ejemplares: 600. 000
- ● Tirada de 25. 000 ejemplares: 850. 000

4 Comercial del Sur
- ❙ Telef. 968-5645676
- ❙ Persona de contacto: sr. Pedro

Diario

He estado preparando la celebración del aniversario de la empresa. Vamos a tener una fiesta en homenaje a los empleados más veteranos.
He recibido el informe del doctor López y he mejorado bastante con respecto a mi analítica anterior

GASTOS DEL DIA

Gasolina	4. 000
Teatro	2. 000
Regalo	3. 800

© 2001 V&S Planning System ● Internet:www.vsediciones.com

De entre esa información, habrá posiblemente algunas anotaciones que pensemos que en un futuro podremos necesitar consultar. Esas anotaciones es conveniente llevarlas al índice mensual que se encuentra en la primera página de cada mes. De este modo, cuando nos interese rescatar una información no tendremos que consultar las 365 páginas que tiene un año, sino que simplemente consultando los doce índices mensuales accederemos de forma rápida y efectiva a cualquier información que necesitemos.

El proceso de reflejar las anotaciones más relevantes en el índice es verdaderamente sencillo. Imaginemos que de las informaciones que hemos anotado hoy en nuestra página de la derecha pensamos que en un futuro necesitaremos consultar el «Presupuesto del catálogo» y los datos de la «Comercial del Sur». Iremos al índice de diciembre, que encabeza las hojas de este mes y allí anotaremos en la columna de fecha un 27, que nos indica que la anotación está hecha en la página del día 27. En la columna de referencia pondremos un 3 y un 4, que nos indica que es la tercera y cuarta anotación del día 27, y a continuación anotaremos un pequeño comentario que nos aclare el contenido de la información tal como se muestra en el gráfico de la página siguiente.

Seguiremos este mismo proceso con cada anotación que nos interese plasmar en el índice para acceder con comodidad a esa información en el futuro. El índice es una herramienta de acceso a la información tremendamente potente y simple.

INDICE MENSUAL

FECHA	Ref.	Indice de fechas importantes, acontecimientos, datos, notas, etc...
27	3	Presupuesto Catálogos
27	4	Comercial del Sur

GASTOS DEL MES

Como ha podido comprobar, el planificador VS es una de las herramientas de planificación más simples y potentes que existen.para que su día a día le aporte un avance continuo hacia sus objetivos más valorados, todo lo que tendrá que realizar será dedicar de diez a quince minutos diarios al proceso de planificación. Durante ese periodo de tiempo debe completar las siguientes tareas:

1.-Escoja un lugar tranquilo donde planificar cada día, en el que no tenga distracciones. Intente que ése lugar sea el mismo todos los dias, ya que usted en su planificador llevará únicamente tres meses del año: el mes pasado, el mes actual y el mes siguiente. El resto de los meses,tanto los que ya hayan pasado, como los que estén por venir, estarán guardados en su archivador permanente, y éste conviene que este siempre en un mismo lugar para facilitar su consulta cuando sea necesario.

Como ha podido comprobar, el planificador VS es una de las herramientas de planificación más simples y potentes que existen.Para que su día a día le aporte un avance continuo hacia sus objetivos más valorados, todo lo que tendrá que realizar será dedicar de diez a quince minutos diarios al proceso de planificación.

2.-Revise los sueños y metas en los que esté trabajando en este momento. Dedique unos instantes a visualizar la consecución de esos objetivos.

3.-Revise las tareas y citas que ya tiene programadas para el día.

4.-Revise sus compromisos en los días siguientes para tener una visión más global y preparar, si fuese necesario, alguna tarea.

5.-Revise su lista de metas a corto plazo de los objetivos en los que esté trabajando para ver si hay alguna tarea que pueda realizar hoy.

6.-Anote el resto de tareas que deba realizar hoy en su «lista de tareas diarias».

7.-Coloque un orden de prioridad (A,B,C) a las tareas que va a desarrollar en este día. Asigne luego un orden de prioridad (A1,A2,...B1,B2,...C1,C2,...).

Se ha demostrado que si usted desarrolla una actividad con constancia durante al menos 21 días, usted comenzará a implantar esa nueva actividad como un hábito en su vida. Planteése el reto de planificar entre diez y quince minutos diarios durante las próximas tres semanas, y notará como su control sobre los acontecimientos diarios en su vida aumenta de forma espectacular. Resulta increible comprobar el inmenso poder que ese breve periodo de tiempo dedicado a la planificación, tiene sobre la calidad y la cantidad, de los resultados que se obtienen.

Entre a formar parte de esa minoría que entiende que el proceso de planificación es el mejor camino hacia la realización y hacia la construcción de un futuro convincente y apasionante. Para ello, entremos de lleno en el desafio definitivo: «El desafio del cambio».

El desafio del CAMBIO

«En el mundo existen tres clases de personas:
-Los que hacen que las cosas sucedan.
-Los que miran como suceden las cosas.
-Los que se preguntan, ¿Qué ha sucedido?»

Robert Kennedy

De poco sirve aprender mucho y acaparar conocimiento, si no se transforma en acción. A lo largo de este libro le he transmitido un conjunto de principios sencillos, pero tremendamente poderosos si se aplican con persistencia. Usted logrará mejoras importantes en su vida si hoy mismo toma una decisión firme de emprender una acción continuada y poderosa, para enraizar en su vida estos hábitos de excelencia.

Nuestro tiempo es nuestro bien más preciado, y a nosotros nos toca devolver algo a cambio del regalo de vivir, convirtiéndonos en lo mejor que podamos ser.

Nuestro tiempo es nuestro bien más preciado, y a nosotros nos toca devolver algo a cambio del regalo de vivir, convirtiéndonos en lo mejor que podamos ser. A lo largo de la historia, si prestamos atención a las biografias de aquellas personas que han alcanzado el éxito, en cualquier campo de actividad, encontramos en todas ellas una serie de características comunes que han hecho que sus vidas se conviertan en extraordinarias. ¿Qué ha hecho especiales a Gandhi, Pablo Picasso, Bruce Springsteen, Thomas

Alva Edison, la madre Teresa de Calcuta o Cervantes? En todos ellos se repite un patrón de comportamiento que podemos denominar el «Ciclo del éxito».

1.- Soñar en grande.

«Por muchos que sean los deseos de tú corazón, si crees en ellos, tus sueños se convertirán en realidad.»

Walt E. Disney

Todos y cada uno de nosotros tenemos sueños.Todo el mundo quiere ser alguién. No importa quienes somos ni de donde procedemos, en lo más profundo de nuestro corazón todos creemos ser especiales, ser diferentes.

Cualquier historia de éxito comienza con un sueño. ¿Donde estaría el ser humano si no fuera por los soñadores? ¿Cómo sería nuestra vida diaria sin la luz electrica, los adelantos en el campo de la medicina, o el avance en los medios de transporte? El mundo ha avanzado, avanza, y avanzará gracias a la energía y a la pasión de aquellos que se atreven a soñar y a comprometerse con sus sueños.

Muchas personas, en lugar de darse cuenta de que la vida les brinda oportunidades y opciones, desarrollan la actitud propia de quienes se limitan a aceptar lo que la vida les ofrece. Comienzan a creer que son personas ordinarias y comunes. Y con ello, permiten que la vida les pase de largo.

La vida es como un pasillo con muchas puertas a ambos lados, que una vez abiertas conducen a lugares maravillosos; y la mayor parte de las personas pasa por la vida sin ni siquiera intentar abrir alguna de esas puertas. ¡No se limite a eso! Atrévase a soñar en grande. Desate todas esas potencialidades que

La vida es como un pasillo con muchas puertas a ambos lados, que una vez abiertas conducen a lugares maravillosos; y la mayor parte de las personas pasa por la vida sin ni siquiera intentar abrir alguna de esas puertas. ¡No se limite a eso! Atrévase a soñar en grande. Desate todas esas potencialidades que están latiendo dentro de usted. ¡Hága sonar su música en este mundo!

están latiendo dentro de usted. ¡Hága sonar su música en este mundo!

Comience a creer de nuevo en sus capacidades.La gran batalla la va a librar en su fuero interno, contra usted mismo. Henry Ford dijo en una ocasión: «Tanto si usted cree que puede hacerlo como si no, en ambos casos tiene razón».Es cierto. Si cree que puede hacerlo, luchará y lo hará, mientras que si cree no poder hacerlo ni siquiera lo intentará. Muchas personas saben lo que deberían hacer en la vida, pero nunca lo hacen. Ello es debido a que les falta el motor; un sueño que les ofrezca el impulso de luchar por crear un futuro apasionante.

Si no lo ha hecho en el capítulo anterior, comience ahora mismo su lista de sueños. Deje por un instante volar su imaginación. ¿Qué le gustaría conseguir en su vida? ¿Qué haría que usted sintiese que su vida ha sido bien invertida? ¿Qué le haría sentirse realizado, feliz, especial? ¿Cuáles son sus anhelos más profundos?

Recuerde que los grandes objetivos producen grandes motivaciones. La mente humana siempre anda persiguiendo algo. Hagamos que ese algo sea aquello que nosotros mismos hemos decidido, y no nos dejemos arrastrar por las opiniones y los juicios de los demás.

Si no lo ha hecho en el capítulo anterior, comience ahora mismo su lista de sueños. Deje por un instante volar su imaginación. ¿Qué le gustaría conseguir en su vida? ¿Qué haría que usted sintiese que su vida ha sido bien invertida? ¿Qué le haría sentirse realizado, feliz, especial? ¿Cuáles son sus anhelos más profundos? No se ponga limitaciones. Déjese invadir por el entusiasmo y el poder que genera el pensar en la realización de todos y cada uno de sus sueños.

2.-Tomar una decisión y compometerse.

«Si te caes siete veces,levántate ocho»

Proverbio Japonés

¿Qué es lo que precede a cualquier acción que usted emprende? ¿Qué determina las acciones que usted toma, y en consecuencia, la persona en la que se convierte? La respuesta es el poder de la decisión. Todos y cada uno de nosotros disponemos de esa fuente de poder ilimitado para configurar, y llevar nuestras vidas, hasta el nivel que deseemos.

Escoja de su lista de sueños aquellos con los que quiera comenzar a trabajar ya, y tome una verdadera decisión de iniciar una acción continuada y poderosa, para hacer que se convierta en realidad. Cuando se toma una verdadera decisión, se descarta cualquier otra posibilidad que no sea la consecución del objetivo fijado. Recuerde constantemente que son nuestras decisiones las que configuran nuestras vidas, ya que cada nueva decisión marca un nuevo rumbo en nuestra existencia. Cuando la decisión está tomada, y se establece un compromiso total de que, no importa lo que suceda, de que no importan los obstáculos que aparezcan, el verdadero camino hacia la consecución de nuestros sueños se ha iniciado.

Cuando una verdadera decisión se toma, no hay vuelta atrás. Puede que sea necesario cambiar el plan de acción para llegar al objetivo, y hacer las correcciones necesarias, pero la decisión está tomada, y la persistencia es la cualidad que hace cristalizar los objetivos más ambiciosos. Detrás de toda historia de éxito hay un soñador persistente.

El poder de la decisión, secundado por el compromiso, tiene la energía necesaria para demoler cualquier obstáculo que se presente en el camino. Ejercite su capacidad de decidir tomando decisiones más a menudo. Es harto frecuente encontrar a un montón de personas que toman decisiones, inician la acción, y cuando surgen los primeros retos en el camino tiran la toalla. ¿Porqué? Porque realmente nunca llegaron a tomar una verdadera decisión, comprometida y apasionada. Cuando una verdadera decisión se toma, no hay vuelta atrás. Puede que sea necesario cambiar el plan de acción para llegar al objetivo, y hacer las correcciones necesarias, pero la decisión está tomada, y la persistencia es la cualidad que hace cristalizar los objetivos más ambiciosos. Detrás de toda historia de éxito hay un soñador persistente.

En cierta ocasión, un profesor universitario pidió a sus alumnos que describieran que significaba para ellos la palabra persistencia. Cada uno de los alumnos fue diciendo que representaba para ellos esta palabra, y la última en hacerlo fue una muchachita tímida que se encontraba en la última fila. Se levantó, y con voz firme dijo: «Persistencia es prometerse a uno mismo no abandonar jamás». Integre esta definición en su vida, y prométase a sí mismo no desistir jamás en la consecución de sus objetivos. Sueñe en grande, decida, comprométase y sea persistente.

«Persistencia es prometerse a uno mismo no abandonar jamás». Integre esta definición en su vida, y prométase a sí mismo no desistir jamás en la consecución de sus objetivos. Sueñe en grande, decida, comprométase y sea persistente.

3.-Establecer metas que le inspiren.

«Vé y convierte tus palabras en hechos.»
Ralph Waldo Emerson

Cuando usted establece metas firmes, con una fecha de realización, pone en marcha un poderoso mecanismo que le permitirá mantenerse alerta frente a todas las oportunidades que se le presenten, y puedan acercarle a sus objetivos. El poner metas que le reten y que le estimulen es un requisito fundamental para poner en juego todas sus potencialidades. Nadie da lo mejor de sí mismo frente a metas que carezcan de estímulo. Sus metas han de ser lo suficientemente ambiciosas para que usted tenga que dar el máximo de sí. Cuando uno alcanza ese tipo de metas consigue que la autoestima aumente de forma increíble, y ese aumento siempre produce un crecimiento personal.

El poner metas que le reten y que le estimulen es un requisito fundamental para poner en juego todas sus potencialidades. Nadie da lo mejor de sí mismo frente a metas que carezcan de estímulo. Sus metas han de ser lo suficientemente ambiciosas para que usted tenga que dar el máximo de sí.

Las metas son las señales kilométricas que le anuncian que usted está avanzando en el camino hacia la consecución de sus sueños. Planteése para aquellos sueños que haya decidido comenzar a atacar, metas a largo plazo, y desglose esas grandes metas en metas más asequibles a corto plazo. Esa es la forma de hacer asequible un gran objetivo, paso a paso.

4.-Emprender acción de forma poderosa y continua.

«La gran finalidad de la vida no es el conocimiento, sino la acción.»

Thomas Henry Huxley

Tomar acción es lo que separa a los que sueñan dormidos, de los que sueñan despiertos. Una vez que tenga establecidas sus metas, respalde su compromiso iniciando una acción que le encamine hacia su consecución. Realice esa llamada, tire su paquete de cigarrillos, salga a hacer algo de ejercicio, empiece ese curso,...

Nunca conseguirá sus objetivos más preciados si no respalda sus sueños y metas con la acción. Tomar acción es lo que separa a los que sueñan dormidos, de los que sueñan despiertos. Una vez que tenga establecidas sus metas, respalde su compromiso iniciando una acción que le encamine hacia su consecución. Realice esa llamada, tire su paquete de cigarrillos, salga a hacer algo de ejercicio, empiece ese curso,... El emprender una acción en pos de su objetivo hace que se vea a sí mismo avanzando hacia su consecución, y pondrá en marcha el mecanismo del entusiasmo por el resultado. No se limite a planear, ¡actúe! No se conforme con mirar, sea un actor de primer orden en el teatro de la vida. Apasiónese de sus sueños, comprométase de sus metas y tome acción. No tema al fracaso ó al que dirán; la acción vence todos los miedos. De el máximo de si mismo para que cuando un día decida mirar hacia atrás, y ver la película de su vida, esta sea a todo color y no en blanco y negro.

No necesitamos esperar hasta tener un plan grandioso para marcar la diferencia. Podemos producir un impacto en un momento, haciendo las pequeñas cosas, tomando lo que en ocasiones parecen decisiones insignificantes. La verdad es que, muchas de las personas a las que consideramos héroes, esconden su grandeza detrás de una sucesión de pequeñas acciones hechas consistentemente. No busque héroes, ¡sea usted uno de ellos!

El reto final.

«En mitad del invierno, descubrí finalmente que había en mí un verano invencible.»

A.Camus

Al comienzo de este libro le lancé el reto de no limitarse a realizar una simple lectura. Aprovecho ahora la ocasión para retarle de nuevo a que coja todas las ideas, habilidades y recursos que le he mostrado y los aplique para producir cambios positivos en su vida. Este es su momento, su oportunidad para elevar su vida hasta un nivel superior, para crear un futuro que le apasione y le inspire. Le reto a sacar a flote todas sus potencialidades y a comprobar cuan rica, plena y gratificante puede ser la aventura de vivir.

Este es su momento, su oportunidad para elevar su vida hasta un nivel superior, para crear un futuro que le apasione y le inspire. Le reto a sacar a flote todas sus potencialidades y a comprobar cuan rica, plena y gratificante puede ser la aventura de vivir.

Espero tener la oportunidad de encontrarle algún día y que usted comparta conmigo la historia de su éxito. Hasta entonces, recuerde siempre que la vida es nuestra posesión más valiosa, y por ello, merece ser planeada.

Sobre el Autor

JOSE MARIA VICEDO *se ha convertido en los últimos quince años en un buscador infatigable de las claves que conducen a la excelencia. Su investigación le ha llevado a ser un firme creyente en la idea de que el éxito siempre deja pistas. Como emprendedor, ha participado activamente en la creación de seis empresas. Es autor de los libros "La gestión del tiempo para el éxito", "El Plan de los 50 días Hacia una Vida de Exito" y "¡Carpe Diem! Domine en 10 días las Claves de la Gestión del Tiempo". Director y coordinador de las colecciones de audio-casetes "Tiempo para el éxito" y "Superación Personal". Creador del sistema de planificación VS Planning System, actualmente implantado en cientos de empresas e instituciones y considerado como uno de los mejores sistemas de planificación y gestión del tiempo disponibles en lengua castellana. Fue director del programa radiofónico "Tiempo para el éxito" en Onda Joven. Es orador de reconocido prestigio en las áreas del desarrollo personal, liderazgo y productividad. Formado en técnicas de Condicionamiento Neuroasociativo y Programación Neurolingüística con Anthony Robbins, el entrenador de desarrollo personal más importante del mundo. Filántropo comprometido e impulsor del proyecto "Libros por un mundo mejor" que ayuda a proveer de libros y material de desarrollo personal a aquellos colectivos más necesitados.*

Actualmente compagina una intensa actividad empresarial junto a sus vibrantes presentaciones, conferencias y seminarios, y su actividad como escritor.

Si desea más infomación acerca de José María Vicedo, otros productos y sus cursos y seminarios puede dirigirse a:

VS Ediciones - Apdo. Correos 21 - 03200 Elche (Alicante)
e-mail: vsediciones@vsediciones.com
www.vsediciones.com

Seminario
«La Gestión del Tiempo para el Exito»

E n el seminario "La gestión del tiempo para el éxito", dinámicos consultores guian a los participantes a través del apasionante proceso de identificar sus valores y objetivos, establecer sus metas, y planificar eficazmente sus actividades diarias.

Los participantes obtienen del seminario las herramientas (cada participante obtinene su Kit de planificación VS, así como un manual de ejercicios para seguir y poner en práctica los conceptos expuestos durante el mismo) y los conocimientos necesarios para aprender a establecer objetivos eficazmente, incrementar notablemente su productividad, y conseguir el control en sus vidas. El tiempo invertido en el seminario es una de las más gratificantes experiencias de formación y autodesarrollo personal que nuestros clientes han experimentado.

A quién va dirigido: El curso está dirigido a todo aquel que desee mejorar en el uso de su tiempo. Empresarios y directivos de todos los sectores, organizaciones y empresas, ejecutivos y profesionales liberales.

Duración: El seminario de 1 día al cual le invitamos a participar es intensivo, práctico y eficaz. Un sólo día es realmente una inversión de tiempo mínima, comparada con los múltiples beneficios que le aportará.

Metodología: Eminentemente práctico. Usted podrá aplicar inmediatamente todos los principios tratados en el seminario, aprendiendo a sacarle el máximo partido al planificador VS. Para ello los asistentes reciben una guía del seminario en la que se desarrollan todas las prácticas y ejercicios.

Los principales beneficios que obtienen las personas que asisten a nuestro seminario son, entre otros:
- Ahorro potencial de tiempo superior a un 20%.
- Conseguir un control óptimo de su tiempo con sólo 5 minutos diarios dedicados a planificar.
- Enfoque claro en las tareas y objetivos verdaderamente importantes.
- Reducción del estrés.
- Aumento importante de la capacidad de logro y de la autoestima.
- Mayor disfrute de la vida familiar y tiempo de ocio.
- Comprender cómo equilibrar todas las áreas importantes de la vida.
- Aumento de los porcentajes de trabajos terminados en los plazos previstos.
- Dispondrá de más tiempo para dedicar a aquellas actividades que más valora.

PROYECTO
LIBROS POR UN MUNDO MEJOR

«Una de las compensaciones más hermosas de esta vida es, que ninguna persona puede tratar honradamente de ayudar a otra, sin ayudarse a sí misma».

Ralph Waldo Emerson

Todos los que formamos la gran familia de VS EDICIONES, estamos firmemente convencidos de que ayudar a los demás, es a su vez ayudarse a uno mismo. Al ayudar a quien lo necesita, estamos contribuyendo a hacer del Mundo un lugar mejor donde vivir para todos. A lo largo de la historia miles de personas han visto como la lectura de un buen libro ha impactado y cambiado positivamente sus vidas. Este es el propósito del proyecto *«Libros por un mundo mejor»*. A través de este proyecto, en VS EDICIONES destinamos el 10 por ciento de los beneficios de las ventas de cada una de las obras que publicamos a ir continuamente realizando ediciones especiales de nuestros libros y audio-casetes de autoayuda y superación personal, que son donados a las comunidades más necesitadas y desfavorecidas (orfanatos, asilos, cárceles, paises en vías de desarrollo, etc...). Estas donaciones son utilizadas para crear bibliotecas con el fin de aportar una chispa de esperanza a los más desfavorecidos y ayudar al impulso de los paises en vías de desarrollo.

«Porque la solidaridad es la única salida, seamos siempre solidarios con quienes necesitan de nuestra ayuda.»

 **VS Ediciones** *«La Editorial de la Superación Personal»*

VS EDICIONES ● Apartado 21 ● 03200 ELCHE (Alicante)
Visítenos en Internet: **www.vsediciones.com**